金陵全書

丙編·檔案類

南京調查資料（一）

［特篇］

（民國）江南問題研究會 編

南京出版社
南京出版傳媒集團

圖書在版編目（CIP）數據

南京調查資料. 1 / 江南問題研究會編. —南京：南京出版社，2014.2
（金陵全書）
ISBN 978-7-5533-0377-2

Ⅰ. ①南… Ⅱ. ①江… Ⅲ. ①南京市—地方史—史料—民國 Ⅳ. ①K295.31

中國版本圖書館CIP數據核字（2013）第266036號

書　　名　**【金陵全書】**（丙編・檔案類）
南京調查資料（一）
編 著 者　（民國）江南問題研究會　編
出版發行　南京出版傳媒集團
南　京　出　版　社
社址：南京市老虎橋18-1號　　郵編：210018
網址：http://www.njcbs.com　　淘寶網店：http://njpress.taobao.com
電子信箱：njcbs1988@163.com
聯系電話：025-83283871、83283864（營銷）　025-83283883（編務）

出 版 人　朱同芳
責任編輯　朱天樂　章安寧
裝幀設計　楊曉崗
責任印製　楊福彬

製　　版　南京新華豐製版有限公司
印　　刷　南京凱德印刷有限公司
開　　本　889 × 1194毫米　1/16
印　　張　19.25
版　　次　2014年2月第1版
印　　次　2014年2月第1次印刷
書　　號　ISBN 978-7-5533-0377-2
定　　價　600.00 元

總序

南京，俗稱金陵，中國著名的四大古都之一，是國務院首批公佈的國家歷史文化名城。

南京有着六十萬年的人類活動史，近二千五百年的建城史，約四百五十年的建都史，享有『六朝古都』『十朝都會』的美譽。南京歷史的興衰起伏在某種程度上可以説是中國歷史的一個縮影。在中華民族光輝燦爛的歷史長河中，古聖先賢在南京創造了舉世矚目、富有特色的六朝文化、南唐文化、明文化和民國文化，爲中華民族文化的傳承和發展作出了不朽貢獻。然而，由於時代的遞遷、戰争的破壞以及自然的損毁等原因，歷史上南京的輝煌成就以物質文化形態留存下來的相對較少，見諸文獻典籍的則相對較多。南京文獻内涵廣博，卷帙浩繁，版本複雜。截至一九四九年中華人民共和國成立，南京文獻留存下來的有近萬種，在全國歷史文化名城中名列前茅。以六朝《世説新語》《文心雕龍》《昭明文選》，唐朝《建康實録》，宋朝《景定建康志》《六朝事迹編類》，元朝《至正金陵新志》，明朝《洪武京城圖志》《金陵古今圖考》《客座贅語》，清朝《康熙江寧府志》《白下瑣言》，民國《首都計劃》《首都志》《金陵古蹟圖考》等爲代表的南京地方文獻，不僅是南京文化的集中體現，也是中華民族優秀傳統文化的重要組成部分。這些南京文獻，積澱貯存了歷代南京人民的經驗和智慧，翔實地反映了南京地區的社會變遷，是研究南京乃至全國政治、經濟、軍事、文化、外交和民風民俗的重要資料。

歷史上的南京文化輝煌燦爛，各類圖書典籍琳琅滿目。迄今爲止，南京文獻曾經有過三次不同程度的整理。

第一次是距今六百多年前的明朝永樂年間，明朝中央政府在南京組織整理出版了《永樂大典》。《永樂大典》正文二萬二千八百七十七卷，凡例和目録六十卷，分裝成一萬一千零九十五册，總字數約三億七千萬字。書中保存了中國上自先秦、下迄明初的各種典籍資料達七八千種，是中國古代最大的類書。

第二次是民國年間，南京通志館編印了一套《南京文獻》。《南京文獻》每月一期，從一九四七年元月至一九四九年二月共刊行了二十六期，收入南京地方文獻六十七種，包括元明清到民國各個時期的著作，其中收録的部分民國文獻今天已經成爲絶版。

第三次是二〇〇六年以來，南京出版社選取部分南京珍貴文獻，整理出版了一套《南京稀見文獻叢刊》點校本，到二〇一三年初，已經出版了三十六册七十一種，時代上起六朝，下迄民國，在學術普及方面作出了一定的貢獻。

新中國成立六十年來，尤其是改革開放三十年來，南京的政治、經濟、文化建設飛速發展，但南京文獻的全面系統整理出版工作一直没有得到應有的重視，這與南京這座國家歷史文化名城的地位頗不相稱。據調查，目前有關南京的各類文獻主要保存在南京圖書館、南京市檔案館，以及全國各地的高等院校、科研院所、圖書館、檔案館、博物館，少數流散於民間和國外。一方面，廣大讀者要查閲這些收藏在全國各地的南京文獻殊爲不便；另一方面，許多珍貴的南京文獻隨着歲月的流逝而瀕臨損毁和失傳。南京文獻的存史、資治、教化、育人功能没有得到應有的發揮。

盛世修史（志）。在中華民族和平崛起和大力弘揚民族傳統文化、全力發展民族文化事業的大背景下，在建設『文化南京』的發展思路下，中共南京市委、南京市人民政府於二〇〇九年十二月作出決定，將南京有史以來的地方文獻進行全面系統的匯集、整理和影印出版，輯爲《金陵全書》（以下簡稱《全書》），以更好地搶救和保護鄉邦文獻，傳承民族文化，推動學術研究，促進南京文化建設；同時，也更爲有効地增加南京文獻存世途徑，提昇南京文獻地位，凸顯南京文獻價值。

爲編纂出能够代表當代最高學術水平和科技成就，又經得起時間檢驗的《全書》，我們將編纂工作分成三個階段進行。第一個階段爲調研階段，主要對南京現存文獻的種類、數量、保存現狀以及收藏地點等進行深入細緻的調研，召集專家學者多次進行學術論證和可操作性論證，撰寫出可行性調查報告，爲科學决策提供依據，此項工作主要由中共南京市委宣傳部和南京出版社組織完成。第二個階段爲啓動階段，以二〇〇九年十二月二十四日召開的『《金陵全書》編纂啓動工作會』爲標志，市委主要領導親自到會動員講話，市委宣傳部對《全書》的編纂出版工作作了明確部署。在廣泛徵求專家學者意見的基礎上，確定了《全書》的總體框架設計，確定了將《全書》列爲市委宣傳部每年要實施的重大文化工程，確定了主要參編責任單位和責任人，並分解了任務。第三個階段爲編纂出版階段，主要在全國範圍内進行資料的徵集、遴選和圖書的版式設計、複製、排版及印製工作。

爲了確保《全書》編纂出版工作的順利進行，中共南京市委、南京市人民政府成立了專門的編纂出版組織機構。其中編輯工作領導小組，由中共南京市委、市政府領導以及相關成員單位主要負責人組成；《全書》的編纂出版工作由市委宣傳部總牽頭；學術指導委員會，由蔣贊初、茅家琦、梁白泉等一批全國著名的專家學者組成，負責《全書》的學術審核和把關。

《全書》分爲方志、史料和檔案三大類。自二〇一〇年起，計劃每年出版四十册左右。鑒於《全書》的整理出版工作難度較大，周期較長，在具體操作中，我們採取了分工協作的方式。市委宣傳部和南京出版社負責《全書》的總體策劃，其中方志部分，主要由南京市地方志編纂委員會辦公室和南京出版傳媒集團·南京出版社共同承擔；史料部分，主要由南京圖書館承擔；檔案部分，主要由南京市檔案局（館）承擔。《全書》的編輯出版，得到了江蘇省文化廳、江蘇省新聞出版局、江蘇省檔案局（館）、南京大學、南京圖書館、南京市文廣新局、南京市社科聯（社科院）、南京市文聯、金陵圖書館以及各區委宣傳部和地方志辦公室等單位及社會各界的熱情鼓勵和大力支持，尤其是得到了中國國家圖書館和全國各地（包括港臺地區）高等院校、科研院所、圖書館、檔案館、博物館等藏書單位的鼎力相助，在此表示深深的謝意！

我們相信，在中共南京市委、南京市人民政府的長期不懈支持下，在各部門、各單位的積極配合和衆多專家學者的共同努力下，這項功在當代、利在千秋的傳世工程一定能够圓滿完成。

總目録

第四册（警憲篇·公用事業篇）

提要

『南京調查資料』二十二册，民國江南問題研究會編印。

一九四八年底至一九四九年初，隨着中國人民解放軍連續取得遼沈戰役、淮海戰役和平津戰役的勝利，國民黨軍隊喪師失地，一潰千裏。中國共産黨吹響了『打過長江去，解放全中國』的號角。爲配合解放南京，接管南京，管理南京，建設南京，中國共産黨領導下的華東中央局社會部，化名『江南問題研究會』，組織編印了『南京調查資料』。

『南京調查資料』分爲『特篇』『政治機構篇』『軍事篇』『警憲篇』『公用事業篇』『文化篇』（『文教篇』）六大篇，共計二十二册。具體爲：

『特篇』分爲《南京概況調查》（特篇之一）、《南京公私立醫院及衛生機關》（特篇之二）和《僞資源委員會——附：南京公逆産調查》（特篇之三）三册。《南京概況調查》（特篇之一）内容包括『南京一般概况』『反動政黨』『政治機構』『軍、警、憲』『經濟』『文化事業』『社會團體與特種行業』『外僑』八編，外加『重要人物住址』附録。《南京公私立醫院及衛生機關》（特篇之二）内容包括『南京中央醫院』『各市立醫院』『陸海空軍醫院』『各私立醫院』『市立各衛生機關』五個部分。《僞資源委員會——附：南京公逆産調查》（特篇之三）由『僞資源委員會』和『南京公逆産調查』兩部分構成，其中『僞資源委員會』占全書四分之一篇幅，内容包括『沿革』『組織及人事』『單位介紹』『管理機構及服務研究機構産業』和『所屬南京各生産單位或營業所之産業』五部分；『南京公逆産調查』占全書四分之三篇幅，内容包括『中央印務局』『僞政府各部院會所所屬公産』『僞南京市政府』『前聯總在南京所租用各倉庫』『公教新村』『戰犯及漢奸逆産』『僞中央信托局蘇浙皖區敵僞産業清理處南京分處』『「聯勤」所屬工廠倉庫』和『其它公逆産』九個部分。

『政治機構篇』分爲《南京僞中央政治機構》（政治機構篇之一）《僞南京市政府》（政治機構篇之二）和《僞法院・特型庭及監獄》（政治機構篇之三）三册。《南京僞中央政治機構》（政治機構篇之一）内容包括『僞總統府』『僞財政部——附：僞鹽務總局』『僞教育部』『僞司法行政部』『僞糧食部』和『僞考試院銓叙部』六個部分。《僞南京市政府》（政治機構篇之二）内容包括『沿革』『組織系統』『市府所屬各處』『市府直屬機構』『市府各種委員會』『民政局』『財政局』『教育局』『社會局』『地政局』『工務局』『衛生局』『經濟管制機構』和『各區公所』十四個部分以及『僞南京市府重要房地産調查』附録。《僞法院·特型庭及監獄》（政治機構篇之三）由『僞法院』『僞特型庭』及『僞首都監獄』三編構成。『僞法院』包括最高法院、首都高等法院和首都地方法院；『僞特型庭』包括『僞中央特種刑事法庭』『僞首都高等特種刑事法庭』。

「軍事篇」分爲《蔣匪國防部》（軍事篇之一）、《蔣匪陸軍總司令部——附：首都衛戍總司令部》（軍事篇之二）、《蔣匪聯勤總部》（軍事篇之三）和《蔣匪中訓團·陸大及各軍事學校》（軍事篇之四）四册。《蔣匪國防部》（軍事篇之一）内容包括『簡單沿革』『組織系統』『組織職掌』『人事配備』『附屬機構』五個部分。《蔣匪陸軍總司令部——附：首都衛戍總司令部》（軍事篇之二）由『蔣匪陸軍總司令部』和『首都衛戍總司令部』構成。『蔣匪陸軍總司令部』内容包括『組織系統表』『職掌』『人事配備』『直屬機關』（即陸軍訓練司令部、裝甲兵司令部、炮兵指揮部、工兵指揮部、通訊兵指揮部和傘兵司令部）『重要人物介紹』五個部分；『首都衛戍總司令部』内容包括『概説』『首都衛戍總部組織機構』『首都衛戍總部區處指揮系統』『人物介紹』四個部分。《蔣匪聯勤總部》（軍事篇之三）内容包括『聯勤總部概述』『聯勤總部内部組織』『聯勤總部南京各單位』三個部分。《蔣匪中訓團・陸大及各軍事學校》（軍事篇之四）内容包括『中央訓練團』『陸軍大學』『陸軍參謀學校』『副官學校』『陸軍炮兵學校』『陸軍裝甲兵學校』『陸軍步兵學校』『通信學校』『工兵學校』和『陸軍第一訓練處』十個部分。

『警憲篇』分爲《僞内政部警察總署》（警憲篇之一）、《僞首都警察廳概况》（警憲篇之二）、《僞中央警官學校概况》（警憲篇之三）、《蔣匪第一交通警察總局》（警憲篇之四）和《蔣匪憲兵司令部——附：憲兵團及憲兵學校》（警憲篇之五）五册。《僞内政部警察總署》（警憲篇之一）内容包括『沿革』『組織』『業務』『派系矛盾情况』『與保密局關系』『重要人物介紹』『附録』和『附表』八個部分。《僞首都警察廳概况》（警憲篇之二）内容包括『沿革』『組織系統』『組織、人事、業務』『各局』『各隊所』『裝備』六個部分。《僞中央警官學校概况》（警憲篇之三）内容包括『沿革』『組織人事』『教育』『設備』『人物介紹』五個部分。《蔣匪第一交通警察總局》（警憲篇之四）内容包括『概况』『組織與業務』『附屬機關』和『人物介紹』四個部分。《蔣匪憲兵司令部——附：憲兵團及憲兵學校》（警憲篇之五）内容包括『沿革』『組織』『人事』和『附録』四個部分。

『公用事業篇』分爲《首都電廠》（公用事業篇之一）、《南京電信局與中央廣播電臺》（公用事業篇之二）和《南京公共汽車與自來水——附：南京港碼頭及船衹》（公用事業篇之三）三册。《首都電廠》（公用事業篇之一）内容包括『沿革』『組織人事』『重要資産』『業務情況』『警衛力量』和『人物介紹』六個部分以及『職工情况及産業工會』『職員宿捨』兩個附録。《南京電信局與中央廣播電臺》（公用事業篇之二）内容包括『僞南京電信局』『僞南京第二區電信管理局』『僞中央廣播電臺』三個部分。《南京公共汽車與自來水——附：南京港碼頭及船衹》（公用事業篇之三）由『南京市公共汽車』『南京市自來水管理處』和『南京港碼頭及船衹』三部分組成，各占約三分之一篇幅。

『文化篇』分爲《南京『國立』專科以上學校——附：南京『公立』中學》（文化篇之一）《南京私立專科以上學校》（文化篇之二）、《僞政府各種文化機構——附：南京各報館及通訊社》（文化篇之三）和《南京市學術文化團體》

（文教篇之四）四册。《南京『國立』專科以上學校——附：南京『公立』中學》（文化篇之一）中的『國立』專科以上學校收録了『中央大學』『政治大學』『戲劇專科學校』『音樂院』『東方語文專科學校』『邊疆學校』『藥學專科學校』和『社會教育學院分院』八所學校；南京『公立』中學收録了市立中學七所，國立職業學校四所，其他公立學校三所。《南京私立專科以上學校》（文化篇之二）收録了『私立金陵大學』（附金陵神學院）、『私立金陵女子文理學院』『私立建國法商學院』『私立重輝商業專科學校』『私立鳴遠新聞專科學校』『私立南京工業專科學校』共六所。《僞政府各種文化機構——附：南京各報館及通訊社》（文化篇之三）分『各種研究機構』『各種文化機構』和『南京的各報館及通訊社』三個部分，其中『各種研究機構』收録了『中央研究院』等九家，附録一家；『各種文化機構』收録了『國立編譯館』等九家，附録一家；『南京的各報館及通訊社』收録了『新南京報』『中央通訊社』等共計二十九家。《南京市學術文化團體》（文教篇之四）（按：疑將『文化篇』誤作『文教篇』）内容包括『一般學術團體』『教育學術團體』『科學團體』『社會政治經濟團體』『工程團體』『醫藥學術團體』『農業團體』『體育團體』八個部分。

『南京調查資料』爲竪排本，右讀，繁體字，普通酸性紙印刷。以第一册《南京概况調查（特篇之一）》爲例，在封面正中間，自上而下印有黑體的『南京概况調查』；右上方由上至下依次印有楷體的『南京調查資料（特篇之一）』和加了長方形框子的『對内參考　不得外傳』字樣；左下方分兩列，分别印有楷體的『江南問題研究會編印』『一九四九年三月』字樣。『對内參考　不得外傳』八個字透漏的信息是這不是一套普通的讀物，更不是一套公開的出版物。那麽，它的編印者『江南問題研究會』是一個什麽樣的機構？又爲什麽要編寫這些資料呢？

通過相關回憶文章，我們可以推知，『江南問題研究會』是中共情報部門華東局社會部的化名，因爲它編寫的材料涉及的大城市——南京、上海和杭州等，均處于江南地區，故稱『江南問題研究會』。

一九四九年一月至四月，華東中央局（簡稱『華東局』）社會部設兩室一處及華東警官學校、華東軍政訓練班和歸俘學校。部長舒同（兼），副部長梁國斌、李士英、胡立教、楊帆，楊帆兼任第一室主任，第一室負責對外情報工作，下轄第一科（外勤）、第二科（内勤）和第三科（材料）。

時任華東局社會部副部長、華中局聯絡部部長楊帆之子楊曉雲在《一場没有硝烟的戰鬥》（《新民晚報》二〇〇九年四月三十日）一文寫道：一九四九年初春，爲接管江南的南京、上海、杭州等城市，華東局社會部調查科（按：即第三科）科長鐘望陽具體負責江南大城市材料的編寫工作，分成三個組：李蒲軍負責上海組，丁予負責南京組，韓祥林負責滬寧特務情况編寫組。他們集中了由華東局社會部收集帶來的情報，包括近幾年通過秘密渠道由同志們冒着生命危險收集、送出來的情報；上海、江南等地下黨組織收集、提供的情報資料及各種相關出版物；華東解放軍官團中俘虜軍官們所寫的國民黨黨、政、軍、特務方面的情况，以及青州、濟南、南通等城市解放後繳獲的國民黨檔案和公開的出版物。華東局社會部在收集、閲讀、整理了大量材料的基礎上，根據上海、南京、杭州的特殊情况，分門别類，分頭負責，經過整整一個多月的艱苦奮鬥，終于完成了三十册一百多萬字的上海材料，二十二册七十餘萬字的南京材料和一册一萬餘字的杭州材料。這些稿件，經各組長、鐘望陽和楊帆的最後審定，除由華中局工委書記陳丕顯同志督促蘇北現有印刷廠印刷外，另一部分由韓祥林、張開、陳力生等十多位同志，帶着揚帆的親筆信和原稿分別奔赴濟南、徐州、青州等地，在各地領導和有關同志的大力支持幫助下，半個月的時間内就印刷、趕制成册。這些署名爲『江南問題研究會』的各類册子，在中國人民解放軍渡江前和南京、上海解放前，在山東青州和丹陽分别發給參加解放、接管的專員和軍以上幹部，成爲中共順利接管南京、上海的指南。金陵支隊隊員陳淦《爲解放南京做準備：憶金陵支隊趕編〈南京概況〉》（《南京史志》一九八九年第二期）一文回憶：一九四九年二月，安徽省委辦公室主任彭濤來到支隊部，對陳淦、陳震東、許荏華、薛文等人説：『你們都是從南京來的地下黨員，有的還是老南京，對南京情況熟悉。我們很快要打過江去，解放和接管南京，但我們的幹部對南京情況不了解，你們要在最短時間内，編寫出一套南京的文件資料，供營、團以至師以上幹部閲讀參考。一定要在渡江前搞好。』在這之前，金陵支隊已抽調安徽公學的學生和《合肥報》社留用人員，編寫了《南京概況》初稿；華東局社會部在楊帆領導下，也已花了近三個月時間，弄了許多資料，并付印出了校樣。金陵支隊支隊部的陳淦等人根據上述兩方面的資料，結合在淮海戰役中俘虜的敵方人員所交代的有關南京軍、警、憲、特、政的資料，編寫出了《南京概況》一書，同時還編寫了十幾種專題小册子，內容涉及中統、軍統以及青紅幫等方面。在編寫過程中，宋任窮（金陵支隊領導人）同志非常關注進展情況并時時鼓勵編寫人員。中共南京地下黨員朱明鏡《在文教接管委員會工作的回憶》（南京市政協文史和學習委員會編：《紅日照鐘山——南京解放初期史料專輯》，南京出版社一九九九年四月版）一文中寫道：『我在文教接管委員會秘書室看到一套從國民黨中央到地方的機關、學校、文化單位及企事業單位的鉛印調查資料，有二十本之多。所有將要接管的單位名稱、地點、負責人以及該單位的上下級關系，內部組織機構、人員、編制、財務、物資、房地産等等都有記載。這套資料是南京地下黨自一九四八年下半年起就開始秘密調查編寫，之後送往解放區，由金陵支隊（爲接管南京而組成的幹部隊伍）鉛印的。這一套資料爲人民解放軍迅速、完整地接管南京提供了條件。』

『南京調查資料』的資料來源，據《南京概況調查》（特篇之一）一書扉頁的編者『説明』寫道：『本書材料來源，主要爲三六年度電話號碼簿，及三六、三七兩年來之南京幾種報紙，因過時較久，且比較零碎片段，難免有遺漏或錯誤處，除以後搜集材料陸續補充外，僅以此供作概貌參考。』這裏的『本書』實指全套二十二册。

『南京調查資料』除了當年作爲情報資料的使用價值外，留存到今天，已經成爲了解、研究民國南京政治、經濟、軍事、文化、科技、外交等最完整、最系統、最翔實的資料。

由于『南京調查資料』是中國共産黨人組織編寫的關于『敵方』的情報資料，因此，它不可避免地烙上了那個時代深深的印記，例如，書中的措辭具有鮮明的時代特徵和階級特徵，從書名到目録再到正文，『反動政黨』『蔣匪』『僞』等帶有貶損性的詞語屢見不鮮，而對于『國立』『公立』等字眼往往加上雙引號以否定其合法性。今天讀來，不僅没有削弱這套資料的價值，反而使我們深切感受到了中國共産黨和中國國民黨在新舊兩個政權交替前的殊死較量。

經過半個多世紀的時光洗禮，『南京調查資料』二十二册已經從人們的視野中淡出。幸運的是，南京市檔案館保存了全套的資料。《金陵全書》以南京市檔案館藏原書爲底本影印出版。原書印制于資源匱乏、技術落後的戰争年代，紙質較差，墨色不均，印工比較粗糙，加上六十多年的歲月洗禮，紙質泛黄，有些地方模糊不清，鑒此，在影印過程中，我們在尊重原貌的前提下，對于一些模糊不清的地方做了一些技術處理。原書縱一七點八厘米，横一二點八厘米，現略微放大。原書爲二十二册，現合爲五册。

朱明

南京調查資料（特篇之一）

對內
不得

南京概況調查

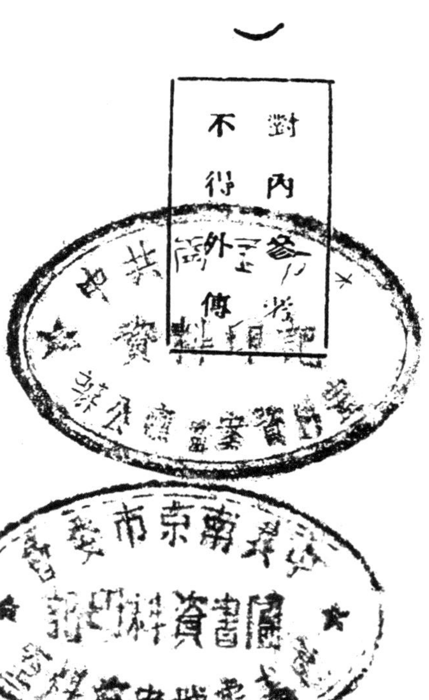

江南問題研究會編印

一九四九年三月

說明

本書材料來源，主要爲三六年度南京電話號碼簿，及三六、三七兩年來之南京幾種報紙，因過時較久，且比較零碎片斷，難免有遺漏或錯誤處，除以後搜集材料陸續補充外，僅以此供作概貌參考。

編者

目錄

第一編　南京一般概況

第五章　市街區之劃分……（一三）

第六章　市政一般設施……（一六）

第二章　警

第二章　公用事業

第一編　南京一般概況

第一編　南京一般概況

第一章　沿　革

南京現爲國民黨反動政府之首都，僞行政院直轄特別市。

原名江甯縣，戰國時代屬楚國金陵邑，三國時吳大帝孫權建都於此，稱「建鄴」；此後，晉、宋、齊、梁、陳，均都此，故有「六朝故都」之稱；明洪武年間改應天府，永樂年間遷都燕京，始改稱「南京」以迄於今；故南京又名建鄴，亦名金陵，簡稱「甯」。

城廓再建於明太祖洪武二年，築「應大城」，東起鍾山、西至石頭山、南至長干山、北至玄武湖，周圍六十一里，爲世界最長之城廓，我國歷史上三大工程之一。

一八四二年鴉片戰爭失敗，於此訂「南京條約」；一八四六年英法聯軍之役，訂「天津條約」開爲商埠。一八五一年太平天國破清軍，於此建都。辛亥革命後，孫中山就任臨時大總統，亦定都於此；不久袁世凱竊國，復都北平。

一九二七年「四一二」之後，國民黨建立中央反動政府於此，稱爲「首都」，集中黨政軍特機關，指揮其反革命內戰，歷十年之久。

一九三七年蘆溝橋事變發生，十一月即爲日寇侵佔，曾造成史無前例之「南京大屠殺」。一九四〇年三月汪逆精衛在此於日寇卵翼下成立僞政府，與遠逃重慶之國民黨遙相呼應，以繼續其反動勾當。

一九四五年八月日寇投降，國民黨反動政府又復歸來，進行兩年餘反革命戰爭，自淮海戰役後，分崩離析，相率逃亡，目前在南京之反動機構已漸成「空殼」。

第二章　位置與形勢

南京的地理形勢處在東徑一一八·四七度，北緯三二·〇度，據長江下游的南岸，江蘇省的西南部，距上海三一〇公里。京滬鐵路以此爲起點，京蕪鐵路伸向西南，直達蕪湖。長江的北岸是浦口，銜接津浦線，北去濟南、天津、北平。

西南毗連安徽。皖省南部的山脈，都與南京諸山峯相接，東有鍾山，俗稱紫金山，分列三峯。最高峯四五〇公尺，爲京市最高處，南京歷次戰爭輒以此山爲全城安危所繫，第三峯南麓有一高阜，名富貴山，高八十公尺，明初築太平門（今改自由門），城跨山上，此爲歷代兵家必爭之地，南爲雨花台，距中華門甚近，登高處可俯瞰全城。西鄰幕府山，俗名牛首山，爲岳飛敗金兀朮之處，諸山環抱城廓，有龍蟠虎踞之險。

長江自西南來，大江襟帶，水深港闊，南京之水，即以此爲主，至江心洲南段分爲兩流，東部支流爲夾江，夾江至江心洲北端與主流復合。

江心洲在明時僅有沙灘，在水淺時出現，但今則已橫亘三叉河口岸成一大沙洲。

江水北行至下關二公里處爲二，八卦洲夾於水中，主流在洲北，南爲峽江，江南闊處達一哩，狹處約五分之三英里，南京港即在此間。

今日京市範圍與明代轄域略有出入，仙鶴、麒麟、滄波、上方、高橋門還是今日市界，而西南城角則已擴展至大勝關，與安徽相望，東北則由堯化門迤邐向北直達江岸，蕪湖、溧陽、溧水、句容，鎮江爲南京外圍，一九三七年冬，日寇進攻南京，北自鎮江，中由宜興，溧陽，句容，南從廣德而攻蕪湖，國民黨軍四處受敵，乃致棄城撤退。

第三章 氣象

南京處北緯三十二度，較之同緯度各地，寒暑變化較大，夏季一般多雨，南京爲受季節風影響之地帶，氣壓夏天低而冬天高，南京的平均氣壓一月爲七七一，七月，平均氣壓爲七五四，多東南風，其結果，冬季有風自西伯利亞大陸吹來，酷寒少雨，夏季有風自海洋吹來，溫暖多溼，此時爲高溫多雨之季節，其詳情分述如下：

第一節 氣壓

南北緯三十度附近，爲氣壓高之地帶雨量必少，南京雖地處此地帶，然雨量却豐富，當地氣壓在多季較同緯度平均氣壓爲高，夏天則較同緯度平均氣壓爲低。

△南京及同緯度地夏冬平均氣壓比較表▽

緯度	夏	冬	全年平均
北緯三十二度五分	七六四·七	七五九·三	七六二·〇
南京	七七一·四	七五四·一	七六三·七

因夏天氣壓低，風自海洋來，故多雨，冬天氣壓高，風自大陸吹來，故雨少，南京之夏季，高溫多雨，氣候全由季節風影響造成。

第二節 溫度

南京平均溫度一月最低，七月（普通七月下旬）最高，四月、十月，兩月溫度適中，夏冬溫度之變遷較慢，春秋溫度之變遷較快，換言之夏冬長而春秋短，三四月之平均溫度差約爲攝氏六度，四五月之差爲五度，九十月差不足五度，十、十一月差達七度。

△南京每月平均溫度▽

一月	二月	三月	四月	五月	六月
三・〇	四・〇	八・二	一四・一	一九・九	二四・一
七月	八月	九月	十月	十一月	十二月
二七・三	二七・二	二二・五	一七・三	一〇・三	四・七

全年平均一五・二

◬南京霜期表◬

早霜	雷降	十月廿四日	最早	十月廿九日	平均	十一月十四日
終霜	穀雨	四月廿一日	最遲	四月六日	平均	三月十九日

自三月十九日起，至十一月十四日止，南京爲 霜期。

第三節 雨 量

南京雨量較多，全年平均一一〇〇粍約四十四吋，一年中雨量最多爲六七月最少爲十二月，自十二月至六七月間雨量漸增漸減，五月與四月則是例外，天雨與晴天之比例，十二月爲五：二六，六月十月爲一六：一四，所謂黃梅雨季，時間不定，惟恆在五六月中。

過去當地最大雨量及雪量

光緒三十一年至民國十八年二十五年間最大雨量爲民國十一年九月十一日午後四時至十二日午後四時止，二十四個鐘頭，共計一四六・一粍，次爲民國十四年七月二日午後四時至三日午後四時一四一，九粍，卽六吋最大雪量爲民國十八年十二月十八日至十九日，二日間降雪時間四〇小時，平均積雪達一尺，其他降雪斷續者，最大量達七二粍。

初雪	小雪	十一月廿三日	最早	十一月九日	平均十一月七日
終雪	雨水	二月十九日	最遲	四月三日	平均三月四日

第四節 濕度

南京濕度較高，一年中以七月爲最大，十二月爲最小，受季節風之影響，東南風時溼度增大，西北風時減少，今一年中各月溼度比較表如下：

一月	二月	三月	四月	五月	六月
七七・九	七七・八	七七・六	七七・八	七七・七	八一・〇
七月	八月	九月	十月	十一月	十二月
八三・〇	八一・〇	八一・〇	七八・〇	七八・六	七六・〇

第五節 風

南京地方受季節風影響，一般冬天多東北風，夏天多東南風，西北風時期在十二月、一月光景，大抵每年八、九月至翌年四月爲東北風盛行時期，六、七、八三月爲東南風盛行時期，四、五月爲風的交替時期，風向一般不定，風力一年中以三、七月爲最大，十、十一月爲最弱，風力，北風常較南風強，夏冬時吹東北風，降雨，夏天較少，冬天則長續，在一月至四月中旬，吹時短則二三日，長則一個禮拜，晝夜吹（中間或間有斷續）大風在江面激起大浪，屢生危險，東北風吹，波浪更大，北風次之，西南風吹，則水面不靜，東風亦然，如有颶風則發生特殊場面，此種風通常在正午時開始，早上很少，大概每年四月爲風之交替期，四月初旬至中旬，每年一度之東北風強力吹襲，在此以前，氣溫風向之變化不大，此種強烈之東北風，恆吹二整天不斷，溼度在六十度至八十度左右（華氏）突降至五十度左右，以後溫度則無乍變而逐次增加，以上情況，乃爲一般性者，有時氣候不定，南京近年來最大風力，爲民國十八年五月廿二日午後五時之颶風，北極閣風力計最強計錄爲35ms/sec（每秒米）。一年平均風力以七、八月最強。風向與霧關係如下：有霧時之風，恆吹向，南，南東，一九二九至一九三四年，五年中，平均一年中有霧時間中，南，南東計一七三時間，百分數爲15・8%，南東計一五八時間，百分數爲13・9%，東南東九八時間，百分數8・6%最少爲西，計五時間，百分數0・4%。

四季分別說明如下：

冬季（十二至二月）最多計三九六時間。

秋季（九至十一月）計三四三時間。

春季（三至五月）計二四二時間。

夏季（六至八月）計一五五時間。

有霧之日子，南風最多約佔百分數爲22・4%，次之爲南南東佔12・7%，西風東北最少，約1・1至1・8%，無風時佔36・6%，以四季言，冬天霧最多，秋天次之夏天最少。

第六節　雲

南京地方常見之雲，種類繁多，塊狀積雲，次爲層雲，此等爲當地最多見之雲，其出現大概在午前八時，其後漸次增大，至晚上消滅，九月後甚少再見，此時期（九月後）多卷層雲、層積雲、積雲、積亂雲等，一月二月光景，各種雲都有，俟後爲積雲時期，雲量最多一年中爲五六月之黃梅時期，最少爲十月十二月，此二月中天高氣清，鮮有雲朵。

南京各月雲量表

一月	二月	三月	四月	五月	六月
六・三	六・二	六・三	六・二	六・八	六・七
七月	八月	九月	十月	十一月	十二月
六・四	四・九	五・四	四・七	四・四	五・一

第七節，天氣之變動

南京地方氣候變化之原因不外下列幾種，夏天多雷雨及大風，冬天則有風暴，高氣壓自西伯利亞來（當地稱風暴）。

天氣平穩時突有風暴，其來迅速，飛砂走石，勢極猛烈，此種暴風爲時極短，快則半小時，遲則二小時，超過二小時者極少，當時局部發生低氣壓初吹時突然急劇，民船舢板，如未能及早躲避，每有覆舟之虞，此種風暴，一般多在四月至六月中，在冬季起風暴，與上述之情況不同，吹時既烈且久，而冬季南京氣候變化主要受此種影響，此種風每自揚子江上游吹過南京，而去東方，冬春降雨，風向恆爲東南或東北，吹西風或南風則放晴，風暴通過後必雨，特別在南京，如遇南方通過之風暴雨量尤多。

第四章 人口、面積

南京面積爲八二八、五八一市畝（市區八〇九二八市畝，郊區七四七、六五三市畝）如合爲方公里，則市區爲五一・八方公里，郊區爲四八二。一方公里，共爲五三三・九方公里，南京人口在民國元年時爲廿六萬），此後十五年間沒有顯著的增減。一九二六年國民黨建都南京後，人口逐漸上增，到民一九三六年已增至一〇一萬，抗戰時期，南京人口頓減，一九四四年人口爲六十七萬，四五年爲七十四萬，四五年達百萬之上，該年十二月統計人口總數爲一、〇〇七、五五三、其中男五九二、二一三、女四一五、三四〇、一九四七年七月統計人口數總數爲一〇三七、六五六，其中男六〇九、三九一，女四二八、二六五人，一九八年年八月統計人口總數一、二二五、六八四人，男六八一、〇五五人，女五四四、五八五人

第一節 南京市面積統計表：

面積·	市畝	方公里
合計	八二八、五八一	五三三·九
東區	一三、二六九	一四·〇
南區	七、九三二	三·五
西區	九、六八七	五·五
北區	二二、六四五	一五·五
中區	九、五一三	二·五
下關	四、五一〇	二·八
浦口	一四、七七二	八·〇

	市畝	方公里
東部	一〇六、九六八	六八·五
南部	七九 四七五	五〇·八
西部	一六〇、七〇八	一〇四·八
北部	二七〇、四八〇	一七五·〇
湯山	一三〇、〇〇〇	八三·〇

市畝面積係根據偽南京市政府地政局數字

方公里面積係根據上項數字依現行警區估計而得。

第二節 人口總數及分佈情形

鄉鎮保甲數——共十三鄉鎮，四〇九保，七、七一五甲。（一九四八年八月統計）

全市戶數——一八八、四三六戶（一九四八年統計爲二三〇、四四三戶）

普通戶——一七〇、〇〇〇戶

特別戶——內船舶戶一七〇〇戶計近八〇〇〇人，寺廟戶計四〇〇戶三、二〇〇人，公共戶計一三〇〇戶近七〇〇〇人，外僑戶計七七戶，共五七二人，臨時戶計一二八〇〇戶，近七四〇〇〇人。

各區分佈情況：

東區——一六六、一八五人（男一〇三、〇一四人，女六三，七七一人）

南區——一七七、四三三人（男九九、八五六人，女七七、五七七人）

西區——一四一、三二九人（男八二、八四六人，女五八、四八三人）

北區——八八、五〇六人（男五一、三五二人，女三七、一五四人）

中區——九三、八五九人（男五五、七七八人，女三八、〇八一人）

下關——八八、九六〇人（男五六、一六一人，女三二、七九九人）

浦口——二七、九九九人（男一八、四六四人，女九、五三五人）

東郊——三七、一八七人（男一九、六三三人，女一七、五四四人）

南郊——六五、〇二三人（男三九、一七〇人，女二五、八五三人）

西郊——六五、四〇六人（男三五、六八七人，女二九、七一九人）

北郊——四七、八九九人（男二五、七〇九人，女二二、一九〇人）

水上區——七、七六七人（男四、五四三人，女三、二二四人）

（以上數字係一九四六年十二月僞首都警察廳統計材料）

一九四八年八月統計：

總數一、二二五、六八四人，（一九四八年四月數字爲一、二〇一、一七五人）

第一區	二〇二、二五八人	第九區	六五、八九六人
第二區	一三四、四二九人	第十區	四〇、四六〇人
第三區	八三、二四〇人	第十一區	八九、九八四人
第四區	一〇六、五七四人	第十二區	
第五區	一八三、五九一人	第十三區	二三、六八五人
第六區	一九二、六〇四人		
第七區	一〇二、六六三人		
第八區			

附：南京人口變動表：

一九二一年	三八二、二〇〇人
一九二二年	三八〇、九〇〇人

年份	人口
一九二三年	四〇一、五〇〇人
一九二四年	三九五、五〇〇人
一九二五年	三九五、九〇〇人
一九二六年	三九五、九〇〇人
一九二七年	三六〇、五〇〇人
一九二八年	四九七、五二六人
一九二九年	五四〇、一二〇人
一九三〇年	五七七、〇九三人
一九三一年	六五三、九四八人
一九三二年	六五九、六一七人
一九三三年	七二六、一三一人
一九三四年	七九五、九五五人
一九三五年	一、〇一三、三二〇人
一九三六年	一、〇〇六、九六八人
一九四四年	六七〇、〇〇〇人
一九四五年	七四〇、〇〇〇人
一九四六年	一、〇〇七、五五三人
一九四七年	一、〇三七、六五六人
一九四八年	一月：一、一一八、七二四人 四月：一、二〇一、一七五人 八月：一、二二五、六八四人

第三節　人口年齡總分類

A、幼年組：（二八、一九一人）

未滿一歲：共計二三、〇〇七，男一三、五八六，女九、四二一。

一——五歲：共計六二、五六七，男三四、〇一二，女二八、五五五。

合計：　共計八五、五七四，男四七、五九八，女三七、九七六。

B、少年組：

六——十二歲：共計八三、〇七八，男四五、八四九，女三七、二二九。

十三——十七歲：共計八一、五三四，男四六、六五五，女三四、八七九。

合計：　共計一六四、六一二，男九二、五〇四，女七二、一〇八。

C、壯年組：

十八——十九歲：共計五一、九七二，男二八、六九〇，女二三、二八二。

二十——二十四歲：共計七八、五六一，男四五、六六八，女三二、八九三。

（二十五——卅歲：一〇二、八一〇人）

二十五——二十九歲共計七六、三一〇，男四四、六五六，女三一、六五四。

（三十——三十五歲九八、三二三人）

三十——三十四歲：共計七三、八七一，男四二、九八六，女三〇、八八五。

三十五——三十九歲：共計六五、八五七，男三七、七七三，女二八、〇八四。

四十——四十五歲：共計七〇、九五五，男四〇，八四四，女三〇、〇八一。

合計：　共計四一七、五二六，男二四〇、六四七，女一七六、八七九。

D、老年組：

四十六——五十四歲：共計七二、八〇一，男四一、二二二，女三一、五七九。

五十五歲以上：共計六八、一四五，男三五、八五三，女三二、二九二。

合計：　共計一四〇、九四六，男七七、〇七五，女六三、八七一。

資料來源：一九四六年七月偽首都警察廳統計。（　）內係一九四八年　月份數字。

第四節　人口職業總分類

農業：合計五八、九一四，男四七、〇〇七，女一一、九〇七。（七〇、一〇七人）

鑛業：合計一、八四五，男一、三一二，女五三三。

工業：合計七〇、三〇一，男五六、二四八，女一四、〇五三。（九六、〇一二人）

商業：合計一四〇、九二四，男一一九、九一八，女二一、〇〇六。（一五六、六七三人）

交通運輸業：合計二八、三二〇，男二六、九〇〇，女一、四二〇。

公務員：合計三六、九五二，男三〇、八二四，女六、一二八。（一〇八、二九二人）

自由職業：合計三〇、八一三，男一四、九八九，女一五、八二四。（五五、七四九人）

人事服務：合計一八〇、六九三，男二〇、二九六，女一六〇、三九七。

無業者：合計二二四、九〇七，男一一五、六二〇，女一〇九、二八七。

其它：　合計三四、九八九，男二四、七一〇，女一〇、二七九。

資料來源：一九四六年七月僞首都警察廳統計。（　）內係一九四八年一月數字。

第五節　人口教育程度統計

A、受高等教育者

畢業：合計一〇、四六四，男八、一二三，女二、三四一。（二一、九一九人）

肄業：合計一一、一八一，男七、五八六，女三、五九五。（一八、六五一人）

B、受中等教育者

高中：合計　二五、六七〇、男一七、五三二，女八、一三八，（畢業：三九、七四四，肄業：六三、八一三，共一〇三、五五七人）。

初中：合計：三九、五八七，男二五、一六〇，女一四、四二七，（畢業五六、七二九，肄業：四六、三七五，共一〇三、一〇四人）。

C、受初等教育者

高小：合計五九、五一四，男二六、二四一，女三三、二七三。

初小：合計七九、五一三，男四九、六五五，女二九、八五八。

D、受學塾教育者：合計一〇三、〇一三，男七五、三四〇，女二七、六七三。

E、不識字者：合計三五七、九九五，男一七一、三九四，女一八六、六〇一。

F、學齡兒童：在學：合計五四、四二七，男三二、九六六；女二一、四六一。

失學：合計六七、二九四，男三三、八二七，女三三、四六七。

資料來源：一九四六年七月僞首都警察廳統計。（）內爲一九四八年一月份數字。

第六節 外僑戶口

總數：九五七人，男七六〇人，女一九七人，包括二十八個國籍，並有無國籍者二十五人。

美國	四七〇人（四五八人）			英國	四五人（六八人）		
蘇聯	八八人（八二人）			法國	三五人（十一人）		
加拿大	六人	澳大利亞	三人	荷蘭	十一人	比利時	三人
波蘭	三人	捷克	三人	挪威	二人	瑞典	三人
瑞士	三人	葡萄芽	三人	奧國	十人	墨西哥	一二人
巴西	二人	巴拿馬	一人	阿根廷	二人	土耳其	二人
伊朗	一人	阿富汗	一人	印度	二七人	朝鮮	五七人
意大利	五人	德國	二十人	日本	一一三人	無國籍	二五人

資料來源：一九四六年八月卅日僞首都警察廳統計。（）內係一九四八年一月數字。

第五章 市街區之劃分

第一節 東區（行政區）

本區轄境自新街口起由中山東路至逸仙橋向南沿秦淮河至通濟門，折向東南循城牆經光華門，中山門，太平門由考試院路保泰街（街面屬北區管轄），轉向西，南由黃泥崗折入中山路迄新街口止，境內計有大小街巷一六三條，本區乃國民黨軍政機關之中心區域，計有偽總統府，總統官邸，考試院，司法院，財政部，教育部，國民大會堂，國民參政會，國防部，陸軍總部，空軍總部，衛戍司令部，明故宮飛機場，並有美軍總部（美軍第一第十招待所除外），善後救濟總署，美軍俱樂部，美國新聞處，韓國僑民團，本區內尚有文教機關中央大學，中央研究院，中央圖書館，而本區內的新街口，則爲交通中心，而新街口附沿中山路則爲銀行區。本區有外僑一八六人。

第二節　南區（商業區）

本區東起東關頭，東南西三面均以城牆爲界，東有武定門南有雨花門、中華門，北以昇州路爲界，至天青街迄向北，向東以秦淮河爲界，本區轄二四兩自治區，第四區爲住宅區，第三區爲南京最繁盛之商業區，內以百貨商爲最多，特種行業有娛樂場所十五家，歌女戶七六家，旅棧業八一家，符號證章業一三家，浴業一四家，當舖業二家，飲食業一五四家，理髮業七八家，成衣業一四六家，此外並有教會五所，外僑四戶（不滿十人），旅棧有外商住宿，內以猶太人最多。本區中之夫子廟，大石壩街，環境複雜。

第三節　西　區

本區東以中山路中正路爲界，南以昇州路爲界北以漢口路爲界，西以城牆爲界，係一住宅區，本區南部大部爲會民住宅，北部五台山以北較荒涼，上海路附近一帶公館甚多，沿漢中路附近有工廠及倉庫，而莫愁路則有宵市（約夜上三四點鐘做市）爲奸商售賣劣品，宵小盜賊售賣贓品之處，區內有首都高等法院，司法行政部，資源委員會等，文化機關有政治大學，金陵中學，金大農科試驗場，金大養蜂場等。

第四節　北區

東以太平門城牆與東郊爲界，南以鷄鳴寺保泰街漢口路至草場，西南以城牆與西郊下關爲界，北自和平門沿環湖馬路與北郊爲界，佔市地約三分之一，本區內大部荒涼。僞官住宅與外國使館大都在本區內，並有工廠倉庫。重要機關有國民黨中央黨部、海軍總司令部、郵政總局、最高法院、鐵路醫院等，名勝古蹟多集於本區內，如玄武湖、鷄鳴寺、香林寺、金陵寺等。

第五節 中區（商業區）

東以復成河爲界，南以東關閘至中正路間之秦淮河爲界，西以中正路爲界，北以中山東路爲界，亦爲南京商業區，市面繁榮，居民稠密，特種行業（澡堂、理髮、飲食、旅館、戲院等）共一六五家。

第六節 下關

居實市西北 爲一不規則的長方形地帶，面臨長江右岸，背接定淮、挹江、興中、金川諸門的城碟，南以三叉河爲自然界綫，北達煤炭港及五所村，爲南京水陸交通要衝，是爲南京之門戶，長江上下游往來船隻均以此爲停泊站或終點 京滬鐵路以此爲起點，對岸浦口爲津浦鐵路起點，商旅集中，交通頻繁，經營運輸旅館小販等業特別發達，機關方面多屬分支機關，過境之蔣匪軍隊以交通關係多在此作較長期的停留，四所村一帶爲「難民」（洮亡戶）區，份子複雜，外商有英國人之揚子飯店，美國人之美孚油行，美軍會有美軍東站運輸處江邊倉庫，教會有基督教之聖公會，天主教之聖保羅會，外僑有印度三人，意大利三人，蘇聯三人，美國一人，英國五人。

第七節 東郊區

轄區範圍，東至湯山，南至光華門河沿頭埠，西至中山門外，北至太平門，該區自中山門外到光華門外，工事最多，而鍾山又爲全城之制高點，機關有僞中央訓練團，僞中央開發學校，名勝有陵園。

第八節 南郊區

轄區範圍，東達光華門河沿頭埠，西接水西門的西街頭，北界饗虎巷珍珠巷與中華門雨花路毗連，七里街爲城鄉交界綫，爲京蕪鐵路起點，中華門外爲粮行及騾馬牛行集中區域。全市粮食供給，均由此吞吐，市面繁盛，居民密集，其他如飛機場，西善橋，花神廟則爲鄉區。

第九節　西郊區

該區西臨夾江口南岸，北以三汊河爲界，故上下游小輪停泊於此甚多，新河口尤爲木業薈萃之區，其他如江心洲，雙閘，螺絲橋，毛公渡，大勝關，等地皆屬之。

第十節　北郊區

該區地廣人稀分爲七里鄉，八卦河，下關，笆斗山，燕化門，邁皐橋，寶塔橋，燕子磯等九鄉一鎮，區內有幕府山、烏龍山兩要塞，燕子磯御碑亭東西對峙，公路交織，交通著便，該地在軍事上與東郊區均爲險要據地，有史以來，便是用兵必爭之地。

第六章　市政一般設施

第一節　給水

每日最高給水量約爲六七、九〇〇公噸，每日平均給水量約爲六〇、〇〇〇公噸，現在給水人口約四十萬人。

第二節　給電

首都電廠供電量爲二五、〇〇〇瓩，給電區域，有城區、浦口，及西南郊區。

第三節　道路

（一）城區道路（里巷不計）之質量如下：

一、道路長度總共有二四九公里，其中主要線長六〇——七〇公里。

二、道路面積總共有一、八四五、八七八平方公尺，約佔城區面積百分之四。

三、道路種類：混凝土及柏油路合計四六一、一八九平方公尺，碎石，彈石，煤屑及土路合計一、

○六八、一六九平方公尺，高級路面積佔百分之三十强，低級路面積佔百分之七十强。

（三）城區橋樑載重在五○噸以下者有四三座，佔百分之六十四强，五噸以上十噸以下者十九座，佔百分之二十八强，十噸以上十五噸以下者有四座，十五噸以上者一座，兩者合佔百分之八强。

本市南北方向之交通較東西向者爲繁榮，下關至中心區端賴中山北路一線殊難以應付。

第四節　下水道

城區有下水道共長一五七公里，全城尙有九○公里之道路無下水道之設備，現有下水道亦多口徑不合標準，不足宣洩。

城東政治區及城北區地甚空曠，道路稀少，下水道亦未建立。

第五節　公共交通

市公共汽車運特約汽車及江南公司現有行駛車輛約一五○輛，每日運載量約十三萬人，連同市內鐵路，公物自備車，及人力車，每日總運量約爲二十萬人左右。

第六節　居住房屋

城區內各區之居住密度平均俱在每平公里五萬人以上，（卽各區居住人數與居住面積之比），而以第一區之一部份達七萬二千人爲最密。

城區現有居住面積約爲一二·八平方公里，佔城區全部土地面積（玄武湖等水面面積不在內），約佔百分之二十九，現有居住房屋擁擠以城南爲最，而城北區一帶却多空野。而城南房屋櫛比，空地極少，一遇火警，施救不易。城區棚戶亦較多，分佈於宮后山，小王巷，沙塘灣，八府塘，武學園，后宰門，乾河沿，牌樓巷，實善街，三叉河鐵路沿線及四所村五所村等處，尤以下關區城內棚戶最爲密集。

城區內上等居住房屋約佔全部百分之十二，中等者約佔百分之七十八，其餘爲下等。

第七節　衛生

全市現有公私立醫院十二處，總計設病床一、八〇五七張，平均每日住院病人一、一一六人，門診病人二、九四〇人，各院均極擁擠。

衛生所市立者有十九所，各所設備均極欠充實，均不能收容病人，門診病人每日約爲二、〇六五人

現有公共廁所十二處，菜市場三十一處，固定爲市場者六處。

第八節　商業

全市各業截至目前（註：僞南京市政府社會局一九四八年七月公佈材料）已登記數字如下

業別	家數	業別	家數
糧食	八四二	鮮肉	三五六
麵粉	一八四	屠宰	一六
麵作	二、二〇	食鹽	二五六
麵點	一四七	水爐	四二〇
中西餐食	七六八	茶葉	一一〇
罐頭食品	一〇二	酒店	二六〇
豆腐豆乾	二二八	釀造	一七
菜行	二一	捲烟土烟皮絲	九〇
榨油業	二〇	飴糖醬色南北貨	六一四
雞鴨火腿	三七三	鮮汁調味	九八
		水產品	一五
		新藥	一五八

新藥	一一三
水果花樹農藝	一一六
棉花紗貨	一四七
皮毛油醬	六三
紡織絲絹	一五五
中服	七三二
西服	五八
棉布絲綢呢絨	三〇二
皮革	三四六
縫衣機修理	三
橡膠革履	七
皮坊	一一三
織布	二五七
內衣服裝	一六
鞋帽	八一
洗染織補	一二二
建築材料	四三〇
堆棧	一〇
水管	一四
五金電料	三三五

傢具器皿	四七四
桐油生漆顏料	八〇
蔴袋	二二
汽車修理	四六
運輸	四〇
自行車修理	一三
貿易委託	三四
車件橡膠	三三七
鋼鉄機器	二五四
紙張文具印刷	三九三
刻字印章骨器	一三九
鐘表眼鏡玻璃	二九七
廣告	一三
證章禮品	四五
書局	五六
銀樓	七六
照相	九一
美術品	三二
理髮	四三六
浴堂	六五

打字機	三	鑲牙	七〇
香燭	四七	竹貨	二一八
錫箔	一一八	蘆蓆	八
鞭砲	八	樹竹木	三六
百貨	七三六	營造	九
炒貨雜貨	一、六三二	搭蓬	五
煤炭窰貨鍋罐	四〇五	旅館	二五七
柴行	一一一	油棧	九五
典當	三七	舊貨	三一
瓷器搪瓷	一四八	拍賣行	九
白鐵	三三	其他	二二五
銅鐵作	二四五	合計	一六、七六三

第九節 中小學校：

在城區內中等學校國立者四校，市立者十三校，（男中八，女中三，師範一，職業一，）私立者三五校，共五二校，學生二七、三五五人，在城區之小學國立者二校，市立者七三校，私立者四〇校，共計一一五校，學生七四、二八四人，（據偽市民政局統計）城區六至八歲入學兒童有八六、五二八人，已入學者七四。二八四人城區十二至二十歲中學適齡青年爲九三、〇八七人，已入學者有二七、三五五人，失學人數殊巨。

第十節 警察

首都警察廳及其管轄各隊人員共九、八〇六人

職員 一、三五六人　警校學員 一、〇二〇人

警長、警員　七、〇〇〇人
伕役　四五〇人
（上述材料均爲一九四八年統計）

第七章　名勝古蹟

南京是歷史古都，名勝古蹟處處皆是，有的雖因年久而湮沒，或因兵燹而破毁，現在城區之中，勝蹟尚爲人所知的，約有下列幾處：

△貢院明遠樓　貢院建於明成祖永樂間，在夫子廟東，樓形四方，高三層，登臨其上，可一覽秦淮，現爲市府所在地。

△文星閣　夫子廟前，爲六角亭，高三層，頂瓷藍色，與朝暾夕暉相映，常呈異彩。

△夫子廟　秦淮河北岸文德橋旁，中爲大成殿，後爲明倫堂尊經閣，二十年前尚完好，但現已頹垣殘壁，雜技百戲，麕集其中。

△秦淮　秦淮在水西門通濟門間，流經一曲，爲六朝烟月之區，當時歌樓畫舫烟波平闊，但自清中葉後，河水淤塞，漸無顏色。

△明故宮　中山門光華門裏，宮已廢圮，前有午朝門，今存門基，門內有五龍橋，橋北即故宮遺址所在，今建有古物保存所，陳列古碑及方孝孺血跡碑等。

△白鷺洲　武定門內小石壩街南端，三面環水，亭榭相間。

△龍蟠里　漢西門內，有清薛時雨講學之惜陰專院，附近尚有翁正卿、曾國藩、沈文肅三祠及浙江烈士祠。

△烏龍潭　潭中有宛在亭爲晉代所建，傳係晉時見烏龍，潭水爲圓鏡，明淨可喜。

▲清涼山　漢西門內高邱有清涼寺，方亭，六朝井，掃葉樓，九華勝蹟等，南唐後主避暑宮翠微亭遺跡亦在山間，景色頗佳。

▲鼓樓　在全城中央，北極閣西明洪武時建，巷爲長方形高十餘丈，下闢三門，民國十二年改建公園，四週植花木，建有八角亭，樓上有清聖祖戒碑，并有關帝廟在其附近。

▲北極閣　在鼓樓鷄鳴寺間，元至正間創觀星台遺址，明時卽爲欽天台，清世祖曾至此，閣高三層，有塔但已傾圯，六朝時陳後主在此夜開春宴，現中央研究院設氣象台及無線電台於其上。

▲六朝松　在中央大學梅庵內，高三丈餘，傳爲六朝時所植。

▲鷄鳴寺　成賢街北端，六朝齊武帝出獵射雉之所，附近羣雉出沒。時來鷄鳴，故名其寺。寺外有施食台，寺後有豁蒙樓，北望台城，寺前有景陽井，一名胭脂井，卽陳後主張麗華二妃藏匿之所，井旁卽景陽樓故址。

▲獅子山　下關興中門內山巔有閱江樓，晉元帝時稱盧龍山明時更今名，山上有砲台，古南京之要地，明太祖擊破陳友諒時，曾在此督戰，山麓有靜海寺，寺內奇岩怪石頗可觀，宋虞允文破金兵後曾駐兵是山達三宿。

▲朝天宮　春秋吳王夫差佩劍鑄造處，南唐時爲紫極宮，宋時爲天慶觀，元時稱玄妙觀永壽宮，洪武間始改建朝天宮，與夫子廟爲二大祀孔名地，今爲高等法院。

▲大鐘亭　洪楊時在北極閣旁寺院中，被燒埋於土中，後始掘去重行安置。

▲十廟口　洪楊入金陵，燒去十廟，十廟相距彌近，僅一出口，故稱十廟口。

▲雙龍巷　宋太祖太宗兄弟誕生舊址。

▲丹鳳街　宋太祖皇后誕生所。

▲唱經樓　梁武帝建立，每日講經之所，明永樂時重建，現樓爲清光緒三十二年建立者，在鼓樓之

東南。

△北門橋　明時外宮城之北外濠，濠上設橋，因名北門橋。京市城郊勝地，較城區尤勝，但地區遼闊，故不勝跋涉在東郊外遠有棲霞湯泉，近有鍾山孝陵，南郊有雨花台菊花台，西郊莫愁湖，北郊有玄武湖燕子磯。

△棲霞　距下關二九公里，山周圍約三公里，滿山秋楓，霜降則紅，山南有棲霞寺，尙有梁武帝所植古松、舍利塔、千佛嶺、桃花澗、白鹿泉、天開岩、白乳泉、皇翁山房、無樑殿，見山樓均爲勝景。

△湯泉　在中山門外三〇公里之湯泉鎭，溫泉出山麓，含礦質，可沐浴以療皮膚症。

△靈谷寺　在鍾山左獨龍岡，爲南京無名叢林，寺內多牡丹，有龍池，誌公塔淨土指南碑踏龍石等古蹟，寺內無量殿後有五方殿舊址，現已建築國民革命軍陣亡將士公墓，并有紀念塔，譚延闓墓卽在寺旁。

△「國父陵園」　中山門外六公里位於孝陵之東，面積四方五千八百餘畝，陵墓居中，拾級而上直達祭堂，有孫中山石膏坐像，堂後卽墓門墓中爲大理石塘，塘中爲孫中山靈櫬奉安之所墓穴上覆孫中山大理石臥像一座。

△紫霞洞　孝陵東北一公里，洞廣容十餘人，上有淸泉可品茗。

△明孝陵　在中山門外舊靈寺谷基，明太祖與馬皇后合葬地陵前有石馬石象及翁仲，入門有碑實懸明太祖遺像，祭堂後有馬后妝台高約五丈餘，台後卽太祖埋骨所。

△雨花台　在中華門外上設砲台，梁武帝時有雲光法師在此說法，天雨實花因此得名，台旁有石子崗，講經坡，永甯泉，方孝孺墓，方亭頗勝。

△牛首山　距中華門一七公里，上有普覺寺，文殊洞，觀音洞，誌公台捨身岩等最高處爲梵音樓，可以看雲海。

△莫愁湖　湖在漢西門外澄泓一碧，南齊盧女莫愁居此，周圍六里中有華嚴菴勝棋寺，鬱金堂曾公閣等，勝棋樓爲徐達勝明太祖圍碁處，鬱金堂有徐達盧莫愁遺像，洪楊時被毁，後曾國藩重修復之，故又建曾公閣。

△玄武湖　玄武湖一名後湖，周約三公里，有五洲故名五洲公園，梁昭明太子植蓮處，有湖神廟，賞荷亭，湖心亭，大仙樓，銅鈎井，湖中盛產菱藕及櫻桃等佳果，春日遊人如織。

△燕子磯　在觀音門外江岸，巖石兀立如同飛燕，磯上有乾隆御碑亭。遠眺江上，心曠神怡。

南京勝蹟經八年浩刼，未得整理，非惟景色漸遜，而古蹟亦多蕩然。

第二編　反動政黨

第二編　反動政黨

第一章　國民黨

第一節　中央黨部

中央黨部……丁家橋及鐵管巷一〇號
中國國民黨中央執行委員會……王府園二六號及湖南路
中國國民黨中央委員招待所……高樓門七號
中央執行委員會海外部……湖南路十八號
海外部第三處處長室……中央路二八〇號
財務委員會基金保管委員會……成賢街成賢村
訓練委員會……湖北路二四〇號
訓練委員會……湖北路二四號
中央監察委員會秘書處……中山東路四四五號
祠堂巷宿舍……祠堂巷二四號
黨政工作考核委員會……毗盧寺
秘書處……三牌樓誅豐坊一號
中央黨部農工運動委員會……丁家橋
農運組……丁家橋
中央文化運動委員會……香鋪營二一號
中央黨史史料編纂委員會……太平路三〇六號
主任辦公室……中山東路勵志社隔壁
臨時辦事處……中山東路四三一號
高級職員宿舍……三條巷仁義里六號
宿舍……鳳頤村
中央組織部……丁家橋
同上……國府路一六一號
同上……漢府路一八號
同上……狀元境集賢旅館一五號

同上……碑亭巷開羅飯店
同上……漢口路陶谷新村四之四
同上……寧海路四〇號
機要室……常府街四八號
辦事處……成賢街雙井巷九號
中央宣傳部……中山路九號
部長辦公室……國貨大樓五樓
辦事處……國府路三五三號
總務處……丁家橋
國民印刷所……石鼓路俞家巷一六號
三民主義叢書編纂委員會……西康路二號
中央宣傳部國際宣傳處……國貨大樓
編撰科第二辦公室……科巷壽星里四處
外事科……國貨大樓
中央攝影場駐京辦事處……中山路一〇〇號
職員宿舍……鼓樓頭條巷一三號

第二節　市黨部

南京市黨部……建康路
設計委員會……高家酒館一五號
中國國民黨南京特別市執行委員會……普陀路六號及四條巷南園二號
南京市第一區黨部……國府路四興里三號
國民黨南京第二區執行委員會……武學園五七號

第三節　特別黨部

中國國民黨津浦鐵路特別黨部……中山北路三步兩橋八號
中國國民黨第一區公路特別黨部……剪子巷一二號
江淮鐵路特別黨部委員宿舍……明瓦廊八六號
中華海員特別黨部執委會駐京辦事處……評事街七一號

其他黨務機關

江蘇省黨部第一區黨務督導辦事處……中山路二六七號

第二章　青年党

青年黨代表辦事處……梅園新邨一九號
中國青年黨中央委員會……白下路五福新邨五二號
前政治協商會議青年黨代表辦事處……中山北路鳳凰村二〇四號

第三章　民社黨

民社黨代表辦事處……梅園新村十七號三十號

附錄：

前三民主義青年團

三民主義青年團……廳後街一〇號及烏衣巷二五號

中央團部……鼓樓

中央電訊總台……淮海路一一四號

中央團部職員宿舍……線花巷一二號

南京支團……廳後街一四號

南京支團……廳後街一〇號

南京支團第二分團部……廳後街一二號

南京支團第三分團部……市府路二二號

南京支團第六分團部……山西路一〇五號

中央幹部學校校友會……中山北路陸家里德潤廬

附註：

中央黨員通訊局另見專冊

第三編　政治機構

第三編　政治機構

第一章　偽總統府

偽總統府……國府路（現改林森路）
休息室……國府路
休息室……光華門飛機場
侍從武官室……黃浦路
侍衛室……國府內
侍從室龍榕生辦公室……大悲巷汾園三號
「陳祕書室」……黃浦路
文官處……國府路
公報室……黃家塘
政務局……國府內
圖書館……國府內
宿舍……板橋新村

參軍處……廣州路三六號
同上……國府路
參軍長及「龍參謀室」……國府內
總務局文書科……秣陵路文佩里五號
公費股……五老橋二五號
軍務局局長室……頤和路三九號
同上……國府西花園
特警組……薛家巷六號
警衛組……國府路二〇六號
警衛組……下關綏遠路一九五七號
官邸警衛室第一組辦公室……薛家巷六號
官邸警衛室第一組辦公室……黃浦路

警衛第二組……中山北路三三一號
「警衛組裝組長辦公室」……中山北路一二五二號
警衛大隊部……國府內
衛兵司令室……國府路
警衛旅司令部總隊長室……毗盧寺
偽總統府警衛旅司令部營房……興中門
司令部職員宿舍……四條巷良友里二七號
第一團政治部……鄧府巷同慶里
軍事參議院(現爲戰略顧問委員會)……西八府塘一號
職員宿舍……洪武路二五四號
職員宿舍……建福里二四號
中山陵園管理委員會……中山門外
城內宿舍……白下路一三六號
園林處……中山門外

第二章　立法院

立法院……中山北路
宿舍……陰陽營六三號
職員宿舍……白下路復興巷
法規委員會……中山北路

第三章　監察院

監察院……頤和路三四號
接收人員辦事處……盧席營九六號
職員宿舍……三四標三
審計部……城佐營三山里
第一、二廳……白下路
國庫總庫辦事處……貢院街
國庫總庫審計辦事處……金城大樓
國庫總庫……永安商場二樓
鹽政總局審計辦事處……永安商場二樓
鹽政總局審計辦事處第一組辦公室……大王府巷一四七號
津浦鐵路審計辦事處……上乘庵泰安里四號
職員宿舍……獅子橋二一號
舊審計處……傳厚崗龍園三號

第四章　考試院

考試院……試院路

銓敘部……試院路
登記司……考試院內
考選委員會……試院路
委員長辦公室……鷄鳴寺

第五章 司法院

司法院……中山路
行政法院……中山北路二六一號
中央公務員懲戒委員會委員宿舍……王府園十六號
最高法院……大方巷一二號之一
院長室……中山北路二〇九號
首都高等法院……朝天宮
看守所……甯海路二五號
職員臨時辦公處……二四標大陽村三號
首都地方法院……白下路一三一號
檢察署……白下路一三一號
看守所……老虎橋
中央特種刑事法庭……頤和路十四號
看守所……羊皮巷
政務官懲戒委員會稽助委員會……國府路

第六章 行政院

行政院……中山北路
綏靖區政務委員會宿舍……塘坊橋十七號
職員宿舍……文昌巷九五號
高級職員宿舍……文昌巷白菜園三五號

第一節 內政部

內政部……瞻園路一二二號
次長室……瞻園路一二四號
戶政司司長辦公室……太平路四三九號
禁煙委員會……長樂路一四六號

第二節 外交部

外交部……中山北路
職員宿舍……白下路二〇九號
職員宿舍……鼓樓四條巷西橋二號
國際聯歡社……中山北路六七一號
職員宿舍……鼓樓三條巷一號

第三節 財政部

財政部……中山東路
專用電台……童家巷六一二號

專用電台發報台……江西路二一一號
高級職員宿舍……慈悲社十二號
統計處高級職員宿舍……城左營金谷村一號
會計處宿舍……順德邨十六號
國稅署……中山東路一六四號
鹽政總局……江蘇路二二二號及淮海路九七號
辦事處……健康路二四七號
鹽警管理處……淮海路
職員宿舍……四條巷四海里七號
下關鹽務製驗局……下關商埠街一五三號
下關大馬路一二〇號
鹽務總局收發室……中山門半山園
稅務署……中正路一五五號
江蘇區貨物稅局南京分局……東牌樓一三六號
安徽區貨稅局駐京通訊處……長樂街六六號
稅務署房產……禮拜寺巷二號
國庫署……中山東路
關務署……寺堂巷二五號
金陵關務司公署……下關江邊
關金陵司公署務……南祖師巷一號

直接稅署……童家巷一〇一一號
署長室……豐隆路三號
江蘇區直接稅局南京分局……二郎廟四五號

附錄：

蘇浙皖區敵僞產業處理局……太平路三三九號
南京辦事處宿舍……大光新村二一號

第四節　教育部

教育部……成賢街五一號
職員宿舍……成賢街成賢里

附屬機構：

青年復學就業輔導委員會……山西路七八號
戰地青年招訓委員會南京青年訓導所……石鼓路一〇九號
招訓委員會職員宿舍……莫干山路一九號
房產……珠江路文德里十一號

第五節　交通部

交通部……中山北路
政務無線電台……薩家灣紫金里
政務無線電台……薩家灣戴家巷八號
政務無線電台……二牌樓妙兒山

高級職員宿舍……樓子巷九十號
高級職員宿舍……珠江路五八號
高級職員宿舍……蓁巷十三號
材料司高級職員宿舍……淮海路三益里六號
路政司高級職員宿舍……薩家灣五號
路政司職員宿舍……上海路九號
航政司高級職員宿舍……上海路永慶里二號
交通技術標準委員會……人和街一六號
全國引水管理委員會……下關大馬路一二〇號
塘沽新港工程處……普陀路四號
運務處顧問歐元昌辦公室……中正路四八號
委託民生實業公司代營木駁運輸管理所南京分所
……國府路一六一號
材料試驗所……鼓樓傅厚崗五八號
中央氣象局……北極閣
公路測量總處……珠江路七二八號
交通部第一區公路工程管理局……南台巷一〇之一號
公路工程管理局辦事處……成賢街九二號
公路工程管理局……火瓦巷（舊南京寺）
公路工程管理局辦事處……秣陵路青莊一號

公路工程管理局運輸處南京營業所……雍園一號
公路工程管理局南京修車廠……白下路一號
管理局孟祺工程段駐京辦事處
……遊府西街六五之六號
公路工程管理局京溧公務總段辦公處
……昇州路四〇〇號
第三區公路工程管理局……鼓樓四條巷九號
第四區公路工程管理局……寧海路錢塘路一一號
第五區公路工程管理局……陰陽營四七之一號
第六區公路工程管理局……莫愁路天妃巷三號
第七區公路工程管理局……西華門三條巷五七號
第一運輸處……梅園新村四號
直轄第一運輸處南京業務科……國府路三七三號
公路總局第一直轄運輸處南京保養場
……國府路三七三號
公路總局第二直轄運輸處駐京代表處
……太平路四〇五號
公路總局第二直轄運輸處聯運站
……挹江門挹紅里一號
公路總局第三運輸處……鼓樓新村八號

公路總局安徽省公路局……百子亭八五號
公路總局中國橋樑公司……雙石鼓四二號
公路總局第一運輸分處……南京林森路三〇六號
公路總局……中山東路一七八號高樓門二八號
同上……百下路中正路口
同上……百貨大樓
南京分處……林森路三〇六號
電訊總台……五條巷挹華里
汽車器材總庫……漢中路牌樓巷一〇號
汽車器材總庫……中央路盧席營
汽車器材總庫南京器材庫……中山北路一九七號
第一機械築路工程總隊……中央路一四七號
高級職員宿舍……五台山五五號
同上……廣州路八五號

第六節　司法行政部

司法行政部……中山路
直轄首都監獄……老虎橋

第七節　工商部

工商部……鐘湯池二四號、中山東路財政部後邊
商標局第二辦公處……衛巷新安里一六號
駐越代表辦事處……鼓樓五條巷勤園一之八
技工訓練處……科巷壽星橋四八號
商標局……中山東路一七九號
全國度量衡局……荻角市五號
統計處：
工商管理處……中山東路北
戰時生產局煤焦管理處……馬路街復成新村二三號
地質調查所……珠江路九四二號
上海區燃料管理委員會……朱雀路七號
南京辦事處……廣州路二五號
液體燃料管理委員會……林森路大裴巷雍園十號
同上……青石街新村
加油站管理處……上海路合羣新村五號
運輸隊……東昇里五號
……淮海一四一之七號

第八節　農林部

農林部……大石橋一號之五
部長室……大石橋
次長室……農林部
總務司……大石橋十號

高級職員宿舍……大光路新六十號
同　上……下關魚市場
中央林業實驗所……丹鳳街石婆婆庵十四號
農業推廣委員會……藍家莊、成賢街九六號
棉產改進處……中山門外孝陵衞
中央農業經濟研究所……保泰街安仁街二七號
（在中山門外孝陵衞預建辦公大樓）
農業普查高級人員研究班……大石橋農林部
菸產改進處……孝陵衞
中央畜牧實驗所……中華門外小行鎮

第九節　社會部

社會部……宗老爺巷
第二辦公處……碑亭巷一五八號
工礦檢查處……大悲巷十八號
人事心理研究社……天竺路二號
勞動局……明瓦廊六七號
同上……鄧府巷七號附三
同上……曾公祠二號
臨時辦事處……明瓦廊六七號
職員宿舍……大樹根二六〇號
社會部勞動局高級職員宿舍……北平路五〇號
社會部南京社會服務處……新街口一〇號
南京社會服務處公用電話……中山路一〇號
南京社會服務處下關服務站……下關中山碼頭
社會部南京傷殘重建院……光華門外中和橋二〇號
南京兒童福利實驗區……朱雀路潤德里二號

第十節　水利部

水利部……國府後街八號
水工機械總管理處……宗老爺巷
水利部水利航空測量隊……廣州路龍蟠里三八號
水利委員會……國府路東箭道二四號
黃家塔五五號
水工儀器廠……清涼山下
土工試驗室……暫設四牌樓中央大學內
揚子江水利委員會……上海路永慶里一號
同　上……鐧金巷二號
堵口復堤工程處……寧海路九一號
堵口復堤工程處宿舍……陰陽營二五號
導淮委員會……寧海路三四號
同　上……普陀路六號

中央水利實驗處……清涼山龍蟠里四七號
處長室……莧菜橋三四號
水利航測隊……二條巷五號
水利示範工程處……獅子橋三六號

第十一節　地政部

地政署……國府路
署長室……宗老爺巷
總務處……珠江路二六六號
地政部航測隊……雞鵝八號之一

第十二節　衛生部

衛生部……黃浦路
麻醉藥品經理處……太平路四〇二號
醫療防疫總隊宿舍……天目路一一號
衛生部醫防總隊第六大隊……下關商埠街三六號
中央衛生實驗院……朱雀路九七號
南京結核病防治院……廣州路隨家倉
（一九四八年四月預在此基地建院舍）
第一獸醫器材總庫……察哈爾路

第十三節　粮食部

粮食部……中山北路
總務司……廳後街一四號
「尹委員辦公室」……莫干路五號
配給委員會……中山路北

第十四節　主計部

主計部……國府路
主計部……舊國府
主計長室……國府內
高級職員宿舍……碑亭巷泰山坊六號

第十五節　僑務委員會

僑務委員會……宗老爺巷行政院舊址
辦公處……東海路一〇號

第十六節　資源委員會

資源委員會……三牌樓美軍部內
同上……珞珈路六號
同上……三元巷二號
同上……三牌樓
同上……瑞福里
第一公共宿舍……三元巷
第二公共宿舍……二郎廟
需業處……高家酒館四二號

電業處……………………………武夷路一八號
同上…………………………………三牌樓
同上……………………………大板巷五四號
運務處…………………遊府西街浮石村五號

第十七節　蒙藏委員會

蒙藏委員會………………………曾公祠四號
總辦公室…………………………曾公祠十號
總務處……………………………曾公祠五號

第十八節　中央設計局

中央設計局……………………太平路建福里二四號
經濟計劃委員會…………秣陵路秣陵新村一七號
政治委員會…………………大悲巷鼎新里一號
宿舍……………………………大悲巷大高里八號

第十九節　賠償損失委員會

賠償損失委員會……………………中山北路
高級職員宿舍……………………保泰街二八號

第二〇節　其他

行政院物資供應處南京辦事處…………常府街十號
政務委員會…………………………中山北路
配給委員會…………………………中山北路
水利委員會……………………………黃家塘五五號

附錄：

一、前僞國民大會

國民大會堂…………………………………國府路
祕書長辦公室……………………國府路美術陳列館
住宿組………………………建業路中央政治學校內
報到處…………………………新街口社會服務處
國民大會代表第一招待所…………………紅紙廊
第二招待所……………………………華僑招待所內
第三招待所……………………………成賢街五〇號
第四招待所……………………乾河沿女青年會內
新疆省代表招待所……………………利濟巷三八號
軍隊代表招待所………………………上乘巷一八號
國大代表聯誼會南京分會……………………香鋪營
江蘇省駐京代表辦事處……………中山路一二八號
貴州省代表聯誼會…………………西石壩街三三號
北方代表聯歡會……………………上乘巷二二號
江西代表聯誼處……………………洪武路二三號
國大代表選舉總事務所……………雙井巷一四號

國大代表選舉事務所……峨嵋路六號
國大軍隊代表選舉事務所……石婆婆巷五一號

二、前國民參政會

國民參政會……國府路國府大會堂
秘書處……國府路美術館內
秘書處……國府路三五五號
高級職員宿舍……梅園新村三七號
國民參政員宿舍……石壩街正洪里二號
宿舍……大悲巷雍園十號
宿舍……逸仙橋
宿舍……大光路二〇號

三、前國防最高委員會

國防最高委員會……北平路五四號
秘書長室……丁家橋
秘書廳……馬台街一五號
秘書室……丁家橋新一一號
「陳委員辦公處」……湖南路五〇八號
會客室……廣東新村七號
專門委員會……香鋪營一八號
工作競賽推行委員會……游府新村一八號
工作競賽推行委員會第二辦事處……碑亭巷一一三號

四、最高經濟委員會

最高經濟委員會……中山北路

第七章　南京市政府

南京市政府……貢院街
秘書長室……太平路麟和里九號
參議室……上海路二〇號
參事室……成賢街成賢村四號
參事室……市府路
人事處……市府內
會計處……夫子廟
編審室……楊將軍巷四六之五號
考核委員會……太平路麟和里一四號
房屋租賃管理委員會……游府西街三八號
招待所……貢院街
高級職員宿舍……鋼銀巷三，二號
處理過境義民臨時委員會義民收容所……興中門
新聞處
南京市通志館

南京市公共汽車管理處
南京市政府　平民住宅……………金川門附近之紅廟
教育局……………………………………市府內
地政局……………………………………夫子廟
土地測量隊
下關臨時辦事處……………………下關車站附近
郊區土地登記處
財政局…………………………………貢院街市府
第二科…………………………………太平路二三五號
土地稅征收處……………………………貢院街
營業稅征取處
八卦洲管理處
大小黃洲管理處
社會局…………………………………龍門街
度量衡檢定所
工務局…………………………………市府路
下關辦事處……………………………下關中山路
市民住宅建築工程處…………………夫子廟市府內
修堤工程處……………………………中山路二〇二號
莫愁區工務管理處
下關區工務管理處
復成區工務管理處
五台區工務管理處
成賢區工務管理處
碼頭倉庫管理處
下水道工程處…………………………湖南路五〇七號
第一工程處……………………………建鄴路二號
首都車輛監理所………………………太平路小火瓦巷
衛生局…………………………………貢院街
清潔隊…………………………………太平路三三〇號
清潔總隊………………………………下關大馬路
清潔總隊北分隊………………………湖南五路二二號
藥品供應處……………………………太平九六號
衛生試驗所……………………………秣陵路秣陵村
夏令衛生運動會………………………夫子廟市府內
衛生中心區……………………………下江考棚
衛生局第一衛生所……………………夫子廟
衛生局第二衛生所……………………石鼓路
衛生局第三衛生所……………………山西路第六區公所
衛生局第四衛生所……………………下關商埠街一五二號

衛生局第五衛生所……莫愁路
衛生局第六衛生所……文昌巷
衛生局第七衛生所……小火巷二四號
衛生局第八衛生所……
衛生局第九衛生所……豐富路
衛生局第十衛生所……
衛生局第十一衛生所……
衛生局第十二衛生所……
衛生局第十三衛生所……
衛生局第十四衛生所……
衛生局藥庫……糟坊巷
衛生局火葬場……
衛生局化糞場……
南京市屠宰場……
南京市公共衛生管理處……
南京市攤販管理所……
衛生局第三衛生分所……珠江路一板園
第十衛生分所……邁皋橋
第十一衛生分所……西善橋
逸仙橋衛生所……逸仙橋逸仙新村
新街口盥洗所……新街口
南京市糞便處理所……
市立衛院征用土地……長樂路
衛生局征用土地……中山北路

南京市各區公所

南京第一區公所……珠江路二三六號
第二區公所……洪武路仁育堂
第三區公所……貢院街四五號之三
第四區公所……釣魚台一一七號
第五區公所……綾莊巷
第六區公所……山西路
第七區公所……下關商埠街五〇號
第十一區公所……中華門外雨花路
南京市參議會……中山東路一三二號（現住白下路）
副議長辦公室……中南銀行二樓
南京市參議員選舉事務所……市府社會局內
南京市第二區區民代表會……常府街三八號
第三區區民代表……貢院街四五號
第五區區民代表……莫愁路韓家苑六號

其他

一　各省及其他機關駐京辦事處及通訊處

浙江省政府主席代表駐京辦事處三條巷六合里三號
安徽省政府駐京代表辦事處……漢口路平倉巷一三號
廣東省政府駐京辦事處……中山路跑馬巷二一號
廣西省政府駐京代表辦事處……吉兆營吉兆里六號
甘肅省政府駐京辦事處……高家酒館四五號
陝西省政府駐京辦事處……寧海路五八號
河南省政府駐京辦事處……珞珈路一五號
蒙古各盟旗聯合駐京辦事處……湖南路一二八號
西藏班禪駐京辦事處……建康路二九號
台灣行政長官住宅……四條巷仁壽里三〇號
黃山建設委員會黃山管理局駐京辦事處……蓮子營……六〇號
華北點驗接收敵偽物資主任駐京辦事處……芦席營……五八號
浙贛鐵路局駐京辦事處……中山北路
隴海鐵路徐海段工程處駐京辦事處……青石街泰平里七號
盟國對日委員會中國代表團駐京通訊處……山西路四衞頭八號
鄂省政府駐京招待所……海寧路二三號
山東省政府主席駐京代表辦事處……三〇三七……建康路三一五號
華僑招待所……丁家橋……中山北路
首都招待所管理處……貢院街四五號

二、園林管理處

園林管理處……玄武門外梁州
園林管理處燕子磯公園辦事處
園林管理處莫愁湖公園辦事處
園林管理處玄武湖公園管理所

三、南京市青年軍復員委員會……白下路五福巷三四號

四、中央還都機關房屋配建會……打靶場、馬府街、廻龍橋胡家菜園、廣州路（以上各處有征收土地）。

五、美軍剩餘物資辦公處……福建路

第四編　軍・警・憲

第四編 軍・警・憲

（附：訓練機關）

第一章 軍

第一節 國防部

國防部……黃浦路

部長官邸參議辦公室……大悲巷雍園一號

第一廳……逸仙橋

第一廳一司二處副處長……四達里九號

第二廳……黃浦路已遷豐富路新修之舍

第二廳第一司第二處聯絡站……昇州路二八一號

第二廳第一司第二處南京招待分處：紅廟七八號

第二廳監督電台……漢中門蛇山十號

第二廳技術研究室……小營

第二廳通訊總所……

第二廳第三電訊分社……

第二廳第七電訊分社……

第二廳中央電訊監察科……

第二廳印製廠……

第三廳……黃浦路

第四廳……黃浦路

第五廳……三牌樓

第六廳……馬標

第六廳職員宿舍……遊府新村一一

軍法司司長辦公室……中正路

軍法司總務組……羊皮巷十四號

戰犯拘留所……馬標營房珠江路小營

測量局……湖北路十七三號

測量局製圖廠……大石橋
測量局製圖廠……黃家塘二二號
測量局第四圖站……珠江路五八九號
預算局……砲標
預算局局長辦公室……碑亭巷
兵役局局長室……莫愁路朝天宮
保安局……小營
政工局……黃浦路
政工局軍事新聞通訊社……國府路七二號
民事局……砲標
副官局……
總務局……黃浦路
監察局……
史政局……砲標
預備幹部局……太平門
中央軍人監獄……江東門
測量局器材修運保管所……
航空測量隊……
大地測量隊……湖北路
達雷研究所……昇州路登隆巷十號
特種器材修理所……昇州路登隆巷
中國電影製片廠……孝陵衛
國防新報社南京分社……碑亭巷九十號後進
醫務所……逸仙橋
軍用圖書社……中山東路二三二號
圖書館……
清潔隊……
交通車隊……
官兵消費合作社……
中央軍教電影事業管理處……利濟巷普度新村六號
中央黨政軍聯席會報……成賢街七八號
日軍善後總連絡部……金銀街四號
警衛第二團……丁家橋新一一號
警衛第二團第二營……薩家灣
招待所總長室……上乘庵一八號三號宿舍房間
東北屯墾局籌備處……馬家街觀音巷一五號
高級職員宿舍……磨盤路三二

附註：

國防部保密局另見專冊

第二節　陸軍總司令部

陸軍總司令部……黃浦路砲標
調査室辦公室……白下路一六五號
總收發室……黃浦路軍校
印刷所……中山北路二〇九
副總長隨從人員室……大方巷二一號
陸軍裝甲兵司令部……黃浦路香林寺
傘兵司令部工兵營……中華門外岔路口
傘兵司令部……雨花台附近
陸總部特務團……西康路二七號

第三節 海軍總司令部

海軍總部……中山北路
海軍南京醫院……下關
海軍潛艇訓練班……下關江邊
海軍南京補給站……下關
海軍無線電總台……下關營盤街海軍一〇碼頭
海軍教導總隊部駐京辦事處……挹江門
海軍魚雷營……草鞋峽
海軍總司令部職員宿舍……桃源邨
海軍浦口工廠……浦口興浦路南
海軍江甯要塞砲兵營（卽砲十團三營）……興中門
海軍江甯要塞守備總隊……棲霞山
海軍第五補給總站……

第四節 空軍總司令部

空軍總部……珠江路小營
政治部……光華門外飛機場
飛機維護處……八寶前街九八號
工務處……小營
空軍監察總隊部……通濟門外防空學校
航空工業局……珠江路大影壁
調査組……梅園新邨十三號
明故宮航空站站長室……明故宮飛機場
大校場美軍指揮塔……大教場
南京基地指揮部……大教場
南京基地指揮部最高指揮官休息室……光華門飛機場
空軍中央情報所……鷄鳴寺地下室
空軍中央情報所第二支台……
中央防空情報所無線電台第一總台……下關中山碼頭
空軍第一地區司令部……中山東路舊中央醫院

空軍總部第一地區司令部第一科辦公室……明故宮
空軍總部特務旅司令部……光華門外航空學校
空軍總部空軍訓練司令部……成賢街六〇號
空軍總部高級職員宿舍……大光東村一九號、成賢街五〇號、中山東路四條巷良友里
空軍第一招生處……光華門大光新村
空軍第一招待處……中山東路三條巷六合里十號
空軍第一路司令部官佐住宅……貢院街四三號
空軍總部傘兵部隊……雨花巷羊巷七號
空軍總部傘兵司令部城區辦事處……中山北路新泉里一一號
空軍地面警備司令部……通濟門外
空軍新生社……珠江路小營廣場

一、空軍部隊

空軍總部空軍第五大隊第十七隊職員宿舍……雨花巷十號
空軍第十二中隊
空軍第十大隊一〇一大隊部
空軍第十大隊一〇二 中隊
空軍第十大隊一〇三 中隊
空軍第十大隊一〇四 中隊
空軍第十大隊手機組
空軍空運大隊一〇四中隊……火瓦巷二二一號

二、防空司令部

首都防空司令部情報所……鷄鳴寺四〇號

三、供應機關

空軍第四供應分處……光華門外大校場大光明路東
空軍總部第四轉運站……下關×××碼頭
空軍二一〇供應局……明故宮
空軍航空工業局補給處……（已遷台）

四、工程：

第七〇一養場中隊
配件製造廠……雨花門外東岳廟
六〇一工程隊
空軍總部空軍第七工程處駐京辦事處……豐富路一九八號

五、電台

空軍總部南京空軍無線電總台……小營
空軍總部無線電總台……大悲巷雍園二號

六、地勤及其他部隊

第一地勤中隊……大教場
陸空運絡通信隊……西康路古林寺
空軍通訊總隊……
空軍四〇六通訊大隊……
空軍照（像）測（量）第一團……
空軍照相技術隊……
空軍工兵總隊第一營……
空軍高射砲第一團……笆斗山（信箱第四五號）

七、其他組織

中國的空軍出版社……白下路東昇里二號
空軍醫院……光華門外
中國航空建設協會……大悲巷雍園八號之一
空軍滑翔總會……

第五節　聯合勤務總司令部

聯勤總部……三牌樓中山路路北
第一處……
第二處……
第三處……
第四處……
第五處……
第六處……
總務處……三牌樓
監察處……
軍法處（前司）……羊皮巷十四號
政工處……
政工人員互助分會……三牌樓
警衞團……
特務營……

一、運輸署

聯勤總部運輸署……三牌樓中央門附近
輜重兵汽車教導團……中華門外通光營房
輜汽十四團……中央門外小市村一號
船舶運輸第一隊……下關江邊路八號
南京運輸指揮部……下關大馬路七五號
運輸季刊訂購處……湖南路勤益里大同新村四號
直屬汽車隊隊部及二、五、六連……三牌樓柏葉園
第一、三、四連……清涼山草場門
第一人運大隊……

獨立第一人運中隊…………
獨立第二人運中隊…………
輜重汽車十八團…………
輜重汽車十一團…………
聯勤交通部徵收汽車補償辦事處…………

二、通信署

聯勤總部通信署…………二牌樓
聯勤總部陸空軍連絡通信隊……南京西康路古林寺
聯勤總部陸軍通信兵第一團南京中華門外五貴里
聯勤總部無線電總台……漢府街二號（毗盧寺西）
聯勤總部無線電總台直屬區台第十四分台…………水西門裏老府橋復興庵
聯勤總部無線電總台直屬區台十二分台
聯勤總部無線電總台第八十八分台
聯勤總部直屬區台十四分台
聯勤總部第十分台
聯勤總部第八區台
聯勤總部第六十四兵站分站

三、經理署

聯勤總部經理署…………中山東路大行宮
粮秣司…………中山東路碑亭巷口
總務處…………中山東路
儲備司…………碑亭巷
軍馬補充隊…………

四、財務署

聯勤總部財務署…………上海路永慶里四號
收支司…………中山東路大行宮附近
人員宿舍…………二郎廟附近
人員、夏振東……漢西門陶李王巷三十三號
南京收支處
南京賬務審核處
第一粮秣實驗廠南京辦事處…………中山東路五一號
預算處…………傅厚崗

四、兵工署

聯勤總部兵工署…………華僑路一六號
醫務所…………鼓樓大方巷一〇號
兵器研究所…………華僑路一一號
應用化學研究所…………南京百木橋
彈道研究所…………南京大方巷十號
職員宿舍…………堂子街羅廊巷大樹根
同上…………鼓樓大方巷十號

兵器陳列所……五台山
第一工程處……堂子街水西倉庫
軍械司司長室……華僑路

五、工程署

聯勤總部工程署鑿井工程第一大隊
第二大隊
陸軍工兵第四團
工兵第五團
工兵第十八團
工兵第五十四團

六、軍醫署

聯勤總部軍醫署……四條巷李公祠內（一〇五號）
副署長室……西華門四條巷
供應司……西華門四條巷李公祠
銓訓司……西華門四條巷東肥工廠內
「總務處長」蔡良佐……中山東路行宮東街四七號
首都陸海空軍醫院……南京楊公井三四號
分院……湯山
第一醫防大隊
二〇九醫院……南京興中門
憲兵醫院……興中門
第四衛生船舶隊
撫卹處……小營

七、特勤署

聯勤總部特勤署……黃浦路
第二組……白下路一六五號
軍中播音隊……漢中門蛇山一〇號
過境部隊招待所……挹江門、錦州路、浦口、新炭塲
首都軍人服務所供應站……淮海路一號
軍人子女第一小學……藍家莊國防部九華新村
首都軍人英語補習班……逸仙橋國民學校內
同　上……三牌樓國民學校後
聯勤總部軍中播音總隊……漢中門蛇山一〇號

八、南京區後勤單位

聯勤總部南京供應局……三牌樓
第一補給站
第二補給站……新街口
第三補給站

第四補給站
第五補給站……丁家橋
第六補給站……三牌樓
第七補給站
聯勤總部第三分站
八四分站
三六三分站
六三分站
第八兵站支部
聯勤總部首都營產管理所
聯勤總部南京區軍用物資處理委員會……三牌樓南京供應局內
聯勤首都軍用電話管理處標售物資投標地點……挹江門內中山北路一〇一七號
聯勤第一補給區司令部駐京辦事處……玄武門馬家街十四號之一
濟南區聯勤單位失散官兵臨時收容調查處……中山東路雨花巷十號

第六節　部隊及各軍事機關在京留守處

前徐州剿總駐京通訊處……秣陵路文佩里六號
尉官收訓隊（二中隊）……浦鎮西門外石佛寺
陸軍總部鄭州指揮部清理處……林森路紅廟廿二號
西安綏署辦事處……八寶新街新四十四號
第　綏區司令部南京辦事處（通訊處）……楊公井紫金坊四號
十四軍留守處……建鄴路一六八號
十八軍留守處……浦鎮龍虎巷口
四十一軍留守處……浦口
第二十三軍軍官隊……浦鎮
四十七軍一二五師三七三團……浦鎮
六十三軍司令部……
六十八軍留守軍需處第三科……中華門外雨花路一五九號朱萬興麻號
七十三軍司令部……中華門東倉門口五一號
浦口軍官隊……浦口興浦路大來運輸公司樓上
×××留守處（見徐州剿總駐京通訊處）……秣陵路文佩里六號
七十四軍駐京辦事處……中山北路三牌樓
三步兩橋新安新村（林「團長」寓）
九十六軍衛生營留守處……雨花門外雙橋門四〇號

九十六軍一四一師衛生營醫撩連……雨花門外雙橋門二三號
九十九軍司令部……下關商埠街華北商棧二樓
九十六軍一四一旅留守處……下關惠民橋北永和北貨行
九十七師……太平門外蔣王廟
二九〇團機二連……東門外馬群鎮
二一二師南京留守處……中華門
四八二八部隊……浦鎮禮義巷三二號
五五一九部隊……浦鋪東門一六七號
五九七三部隊……中華門外
蒙城團營區……浦鎮南門三七號裕豐油行
武漢行轅駐京辦事處……湖南路五二〇號
東北行營駐京辦事處……傅厚崗龍園一一號甯海路培德里二號
東北保安司令官司令部……中山北路新泉里一一號
第一綏靖區司令部首都聯絡處……下關永甯街一六號
第二綏靖區司令部南京招待所……二條巷蕉園七號
第三綏靖區司令部駐京通訊處……鄧府巷一五號之四
第四綏靖區司令部辦事處……將軍廟十八號
衢州綏靖區駐京辦事處……陶谷新村七號
徐州綏靖公署……太平路舊南洋銀行
青年軍二〇二師設營指揮部……正洪街正洪里一號
新六軍政治部……棉鞋營二八號
第四方面軍前進指揮所……崇金塌四號
暫編第五縱隊司令部駐京辦事處……五條巷一一號
陸軍輜重兵汽車十四團……國府西街二九號
獨立工兵第五團駐京辦事處……湖南路大月新村二號
通信兵第六團……中華門外京蕪路錢家村能仁里六三號
通信兵第一團……五貫里
榮二師駐京辦事處……戶部街五號之二
四師五十九旅司令部……興中門
五十一師司令部……四條巷一一號（中山北路）
新編第五路軍辦事處……鼓樓新村一八號
新編第二路軍辦事處……西橋七號
九十七軍駐京辦事處……獅子橋琴琅村六號
八十八軍駐京通訊處……許府巷二八號
七十四軍司令部採購組……新街口一一號

七十四軍司令部……興中門
七十四軍軍長辦公室……火瓦巷紫金坊三號
七十三軍司令部……上新河
第五軍駐京辦事處……馬家巷七號之一
卅七集團軍總部駐京辦事處……湖北路二七四號
卅二集團軍總部……白下路五福巷六四號
卅二集團軍總部駐京辦事處……常府街桐蔭里五二號
十七集團軍總部駐京辦事處……寧海路二二號
十一戰區長官部駐京辦事處馬路街復成新村一一號
十戰區長官部駐京辦事處……八寶前街六四號
十戰區第七軍辦事處……寧海路三五號
前第一戰區兵站總監部駐京聯絡部……文昌巷一〇號
前第一戰區司令長官司令部運輸科
……吉北營吉北里四號
前第一戰區「閣長官駐京辦事處」……上乘巷二二號
辦事處……八寶前街五十二號
十三兵團幹訓班……中央門外東井停
十二軍官隊……玄武門外環州村
五十四軍司令部……湯山作廠
砲兵第八團團部……東山飛機場

一二五師後方留守處……雨花路大恩古巷
十三兵團駐京聯絡處……浦口大馬路恆昌公司
六十六軍駐京通訊處……
馬路街復成新村十一號之一藍家莊藍園二二號
第十三兵團駐京聯絡處……
……南京馬路街復成新村十一號之一
徐州剿總駐京辦事處……南京秣陵路文佩里六號
中央軍校畢業生調查處……延齡巷七六號
青年軍二〇六師司令部……南京方山
四十五軍九十七師二九一團一營二連……南京銅井鎮
六十六軍通訊處……藍家莊藍園二十二號
整卅一師九七旅二八九團……南京江寧鎮
卅一師……下關興中門
五一二部隊（第七連）……湯山新塘新營房
裝甲隊趙霞、與漢騫兩部……中山陵園
方「司令」寓……珠江魚市街六二五號後進

附錄：已改組結束的各軍事機關地址

軍委會結束辦事處……黃浦路
軍委會結束辦事處……竺橋新村六號
軍委會辦公廳第三組……漢府街鍾嵐里二號

軍委會青年軍復員管理處……瑯琊路六號
軍委會京滬總會南京指揮所……三元巷二號
軍委會譯電人員技術補習所……中華門外
軍委會青康邊區專員公署……中央路厚載巷六六號
軍委會國際問題研究籌備處招待所……江蘇路四七號
軍委會西北行營辦事處……沈舉人巷七號
軍委會撫卹委員會……遊府西街遊府新村三一號
中美合作所……昇州路三〇五號
軍委會政治部電訊總隊……慧圓街一〇號
軍委會政治部中國軍人週刊社……中山東路三三四號
軍委會政治部招待所……湖南路三〇七號
軍委會政治部公用……黃浦路
軍委會外事局……鄧將巷一〇號
軍委會外事局……江蘇路四三號
軍委會外事局職員宿舍……新街口糖坊橋一七號
軍委會外事局職員宿舍……文昌巷五五號
軍委會戰運局南京辦事處……石鼓路三一號
軍委會戰運局第五工程總隊……陰陽營五五號
軍委會戰地服務團……下關江邊碼頭
軍委會戰地服務團軍事代表團招待所……四衛頭四四號及平倉巷
軍訓部……砲標
結束辦事處主任室……砲標
結束辦事處副主任室……富民坊一七號
結束辦事處總務組……馬標營房
結束辦事處公用……砲標
駐京辦事處……四條巷仁孝里
高級職員宿舍……翮巾市五星里一號
軍令部部長室……國府路三九五號
結束辦事處……國府路衛戍司令部內
結束辦事處……國府路
第二廳第一組……傳厚崗三四之一
第二廳第三處……國府路三九五號
通訊總所……國府路
通訊總所……國府路三九五號
通訊總所……中山門香林寺
通訊總所……高家酒館四五號
軍政部……三牌樓
同上……昇州路伏魔庵六號
「陳部長」辦公室……普陀路八—一

會計處……馬標
採購委員會……厚載巷五七號
軍需署糧秣司……中山東路
軍需署南京儲備倉庫……石鼓路三三六號
軍醫署……四條巷李公祠
軍醫署衛勤司……西華門四條巷
軍醫署技術司……西華門四條巷東肥工廠內
軍務署馬政司……中山東路
軍務署總值日官室……三牌樓
兵工署軍械第儲備總庫……漢中門三四〇號
兵工署材料試驗處……三條巷六合里六號
第三軍官總隊辦事處……馬台街一五號
南京區第一臨時醫院……成賢街四牌樓
汽車技術訓練班……高樓門一二號
無線電總台……漢府街
通訊兵司中區總機……中山東路軍校內
後方勤務總司令部……砲標
同　上……四條巷仁義里仁義坊
辦公室……大石橋新民坊
辦公室……三牌樓

第二兵站總監部……獅子橋二一號
第三兵站支部……湖北路一九三號
第五兵站總監部南京日俘補給站……斛斗巷四〇號
第五兵站總監部南京辦事處三牌樓瓜棚橋一〇號
第八兵站支部……下關商埠街
第一鐵道軍運指揮部……下關
第一補給區司令部獨立支部……三牌樓
第一區鐵道軍運指揮部……下關車站
第一區鐵道軍運指揮部……下關大馬路七五號
船舶運輸管理局……下關四馬頭
水路軍運指揮部南京軍運辦公處……下關四馬頭
運輸辦事處……國府路一九二號
駐京辦事處……太平路桃源村六號
航委會政治部……白下路東昇里二號
第一地區司令部……太平路西柳巷五三號
第一區司令部副官室……四條巷仁義里四號
第一工程處……花家巷三號
空運第一〇四中隊飛行人員宿舍……白菜園四八號
特務旅第二團團本部……七里街
第一地區司令部轉運站辦事處……豐倉橋一一號

汽車第一一中隊……下關中山碼頭空軍第四運輸所
監察總隊無線電發報台……匡廬路一六號
中央防空情報所……羊皮巷
中央防空情報所第一總台……下關中山碼頭
工程委員會南京辦事處……國府路紫陽里一號
卅八工程處……同仁街七六號
同上……泰山坊六號
中國陸軍總部參謀長室……中央軍校內
中國陸軍總部政治部……中央軍校內
中國陸軍總部政治部……中山路三九九號
中國陸軍總部政治部……靈隱路二六號
第一處……黃浦路軍校內
前國防研究院……復興里一四號
前軍委會郵航檢查所……昇州路二八一號

第七節 首都衛戍司令部

首都衛戍司令部……鄧府巷二五號及國府路
稽查處……慧圓街慧圓里一號
稽查處偵防大隊……貢院街二一號
東區稽查所……碑亭巷八號
南郊區稽查所……雨花巷一號
西郊稽查所……水西門大街一六六號
下關稽查所……熱河路一二五二之二號
直屬稽查組……建康路胡家巷四號
水上稽查所……下關商埠街一一五號
稽查組外勤工作組……磨盤路一〇號
稽查組……建康路一五八號
稽查組……建康路二二二號
稽查組……大光路利業邨六號
諜報隊……建業路一八七號
電信監察科……中華路一三一號及大陽村
電信監察科電台……慧圓里三〇號
政治部……國府路
民衆組訓工作團
江甯要塞司令部……挹江門戴家巷五之三號
京滬警備總司令部（原軍官訓練團）……孝陵衛
南京市民衆自衛司令部第十二總隊……上新河
首都志願兵招待所……八府塘
南京市防護團

第二章 警

第一節 警察機關

一、內政部警察總署

內政部警察總署總辦公廳……瞻園路
總署第二辦公處署長室……中山東路
總署……中山東路三五七
內政部警察總隊……一、石鼓路三〇八
二、顏料坊楞嚴寺
南京辦事處……
……一、朝天宮西街五九號，二、府西街三五號
內政部警察總署第一警察總隊……
……中華門外窨瀾街一二號
第七大隊……中央大學內
總署高級職員宿舍……東門街八之二
警察畫報社……太平巷五九號
中國警政社……太平路太平巷口

二、首都警察廳

首都警察廳……保泰街
督察處……保泰街
偵緝隊……中山路
偵緝隊第一分隊……羊皮巷四號
偵緝隊第二分隊……東牌樓一四二號
偵緝隊第三分隊……昇州路七六號
偵緝隊第四分隊……白下路一號
偵緝隊第五分隊……靜海寺三四號
特別警備大隊……太平巷
刑事警察隊……中山路六七號
一分隊……白下路
二分隊……雞鳴寺一帶
騎巡隊……中華門外寶塔根
警察醫院……悲眞街
高級職員宿舍……上海路一六三號
職員宿舍……戶部街九號
警員訓練所……清涼山
警察訓練所與所長辦公室……黎明村

三、南京各區警察局與分所

東區警察局

首都警察廳東區警察局……碑亭巷
三條巷警察所……三條巷
科巷警察所……科巷
中山路警察所……中山門
大行宮警察所……中山東路二五三號

通濟門警察所……通濟門
珠江路警察所……尖角營
光華門警察所……光華門
新街口警察所……中山東路一二九號
國府路警察所……國府路
太平橋分駐所……太平橋
太平路分駐所……太平門

東郊警察局

首都警察廳東郊警察局……文昌巷白菜園三七號
局長辦公室……中山門外小衛街

南區警察局

首都警察廳南區警察局局辦公室……貢院街三九號
中華路警察所……中華路一四七號
夫子廟警察所……慧圓街
西石街分駐所……大石壩街七號
飲虹橋警察所……飲虹橋分所
白酒坊警察所……白酒坊
安平街警察所……安平街
集慶路分駐所……集慶路
釣魚台分駐所……釣魚台七〇號
麥角市分駐所……麥角市三〇號
鐵作坊分駐所……鐵作坊
釣魚巷分駐所……釣魚巷六七
建康路分駐所……建康路三一三
大井巷派出所……大井巷一六
中華門盤查所……中華東門

南郊警察局

首都警察廳南郊警察局……雨花台
七里街分駐所……七里街
飛機場警察所

西區警察局

首都警察廳西區警察局……石鼓路九〇號
同　上……張府園三八號
同　上……石鼓路七〇號
富豐路警察所……富豐路
張府園路警察所……張府園
中正路分駐所……中正路四六六號
上海路分察所……上海路
朝天宮分察所……朝天宮
沈舉人巷派出所……沈舉人巷

安品街分駐所……安品街六六號
上海路分駐所……上海路
漢中門派出所……漢中門
水西門盤查所……水西門

西郊警察局

首都警察廳西郊警察局水西門外分駐所……
……水西門外大街七四號
石城橋派出所……漢中門外鳳凰街五二號
三汊河分駐所……三汊河一四五號

北區警察局

首都警察廳北區警察局……江蘇路二九號
同　上……山西路口
老菜市警察所……老菜市五一號
三牌樓分駐所……和會街
保泰街分駐所……保泰街
湖北路分駐所……湖北路
玄武湖分駐所……玄武湖
挹江門分駐所……挹江門
陰陽營分駐所……陰陽營
南祖師庵分駐所……南祖師庵
首都警察廳北郊警察局……燕子磯

中區警察局

首都警察廳中區警察局……太平巷三一及三四號
延齡巷警察所……延齡巷一三八號
西方巷分駐所……西方巷

下關警察局

首都警察廳下關警察局……熱河路一〇九號
鮮魚巷警察所……鮮魚巷
商埠街警察所
四所村警察所……四所村
保善街分駐所……保善街
車站分駐所……下關車站

水上警察局

首都警察廳水上警察局……下關老江口
下關警察所……三汊河
下關警察所……下關三碼頭對面
首都警察廳浦口警察局……浦口
首都警察廳湯山警察局……

第二節　交通崗亭

首都警察廳熱河路交通崗亭……熱河路

鼓樓交通崗亭……鼓樓
珠江路交通崗亭……珠江路
新街口交通崗亭……新街口
大行宮交通崗亭……大行宮
國府路交通崗亭……國府路
三山街交通崗亭……三山街
山西路交通崗亭……山西路

第三節 警廳消防隊

首都警察廳消防總隊……鼓樓
直屬消防分隊……保泰街
消防隊第一分隊……二郎廟
消防隊第二分隊……東牌樓石球會館
消防隊第三分隊……承恩寺
消防隊第四分隊……湖北路
消防隊第五分隊……下關惠民橋

第四節 救火會

首都救火聯合會……白衣庵十八號
中一救火會……大香爐
中二救火會……弓箭坊四十五號
中三救火會……廣藝街四號
東一救火會……楊公井
東二救火會……夫子廟東關頭
東三救火會……科巷
南一救火會……許家巷三號
南三救火會……中華門外西街
西一救火會……倉巷
西三救火會……水西門大街
北一救火會……估衣廊
下關區救火會……熱河路一九三之一號

第五節 交通警察第一總局

交通警察第一總局……朱雀路邀貴井一四號
同上……白下路二三六號
同上……中山東路利濟巷耕心里六號
同上……漢府街玉琳坊五號
同上……公園路公園里十二號
同上……鄧府巷六四號
同上……秣陵路陶園
第二辦公處……白下路對面（原白下路二一一號）
第四辦公處……白下路二一一號
第四區辦公室……小火瓦巷二二之十號

聯絡辦事處……馬台街五號
總台……卞事街卜八號
職員宿舍……香鋪營意成里八號
交通警察第五總隊……和平門

第三章 憲

第一節 憲兵司令部

憲兵司令部……瞻園路
「林司令辦公室」……花家巷十八號
軍需處……瞻園路
軍醫處……江甯府
警務處……中華路
警務處……瞻園路
警務處第五科……中華路六七號
警務處偵緝隊……火瓦巷和會邨二號
警務處偵緝第二分隊……商埠街鴻業新村二號
電信監察科……白下路一六五號
值日星官室……瞻園路一二〇號
無線電總台……石鼓路三一號
下關連絡站……商埠街慶康里二號
長官宿舍……淮海路抄紙巷五號
政治部……華僑路高家酒館五五號

第二節 憲兵各區隊

東區憲兵隊……中山東路
南區憲兵隊……白下路
西區憲兵隊……莫愁路一七九號
北區憲兵隊……挹江門
中區憲兵隊……韉家橋
中山門憲兵隊……中山門
中華門憲兵隊……中華門
光華門憲兵隊……光華門
挹江門憲兵隊……挹江門
天水憲兵隊
下關車站憲兵隊……下關
獅子橋憲兵隊
太平門憲兵分隊……太平門
通濟門憲兵分隊……通濟門
漢中門憲兵分隊……漢中門
中央門憲兵分隊……中央門

第三節 駐京憲兵團

憲兵司令部憲兵第一團團本部……商埠街鴻業新村二號
憲兵第一團……獅子橋北區憲兵隊內
憲兵第一團通訊連……商埠街
憲兵第九團……獅子橋
憲兵第九團第一營職員宿舍……石婆婆庵五號
憲兵獨立第三營……漢中路四達里
憲兵第七團
憲兵第十六團
憲兵第廿七團……下關附近

第四章 各種訓練機構

第一團 中央訓練團：

中央訓練團……孝陵衛
總務組……楊將軍巷四一之六
交通管理人員訓練班……孝陵衛
職員宿舍……上海路四〇號

第二節 軍事學校（包括訓練機關，訓練班等）

陸軍大學……孝陵衛
步兵學校……湯山
副官學校……孝陵衛
通訊學校……中華門外馬鞍山
電機工程人員訓練班……中華門外五貴里
訓導處……馬鞍山
工兵學校化學軍官訓練班……馬鞍山
訓導處……光華門外海佛庵
陸軍裝甲兵學校射擊組……江甯東山鎮
陸軍裝甲兵學校修造廠……中華門外雨花路後京蕪路口
中央幹部訓練委員會……中山路二七五號（鼓樓）
陸軍第一訓練處……中華門外岔路口
陸軍第一訓練處訓練總隊第一團團部……湯山新塘西營房
陸軍第一訓練處補充兵訓練總隊部……湯山仙潤橋
陸軍砲兵學校軍官訓練班……湯山
裝甲兵學校……江甯方山鎮
陸軍大學辦事處……戶部街五號
陸軍大學總務處……雞鳴寺腴嶺路一六號
陸軍大學城內辦事處……聚槐村二號

陸軍軍官學校辦事處……百子巷二五號

中央測量學校辦事處……國府路一八五號

聯勤學校敎官班……湯山

聯勤幹訓班……小北門

海軍子弟學校……興中門興中營西側山角之一部（約全營五分之一）

空軍參謀學校……中山東路逸仙橋、明故宮飛機場對面

傘兵學校……光華門外

空軍子弟學校……白下路東八府塘

防空學校……通濟門外

航空學校……光華門外

海軍潛艇訓練班……下關江邊

聯勤總部特勤訓練班

聯勤參謀學校

第三節 警察學校

中央警官學校……光華門外

同上……光華門

同上……中正路

同上……四條巷一四〇號

同上……八寶街五〇號

同上……高樓門六號

同上……常府街一〇九號

高級職員宿舍……紅廟二一號

職員宿舍……秣陵路文佩里三號

政治部職員宿舍……漢中路二二四號

交通警察總局員訓練班駐京辦事處……慧園街慧園里八號

第四節 憲兵學校

憲兵學校……府西街

憲兵學校第二三期軍士第一大隊……江寧府

第五節 空軍學校

空軍學校（包括通訊學校，第四空軍醫院，照測隊等）……光華門外

空軍參謀學校……中山東路

第五編　經濟

第五編　經濟

第一章　公產逆產

第一節　四行二局一庫

一、中央銀行

中央銀行總裁辦公室……………金城大樓
祕書室…………………………中山北路
祕書處……………鼓樓金城大樓及鼓樓馥記大樓
南京分行國庫科…………建康路二〇三號
下關辦事處………下關綏遠路一三二號
斛斗巷宿舍……………白下路斛斗巷六號
太平路宿舍……………………太平路
經濟研究所…………………慈悲社一四號
國庫局高級職員宿舍…………北平路八七號
高級職員宿舍…………………大石橋甯興里
國庫局城南收支處…………………白下路
國庫局城北收支處……薩家灣及中山北路九〇九號
南京分行………………中山北路金城大樓
南京分行
經理————————李嘉隆
下關辦事處主任————吳振華

二、中國銀行

中國銀行…………………白下路三三號
中國銀行…………………中山路三五一號
中國銀行…………………江蘇路五三號
南京分行下關辦事處…………下關大馬路
大行宮辦事處……………中山東路二六三號
南京鼓樓辦事處…………中山路三五一號
總處駐京辦事處……………傅左路九號
南京分行昇州路辦事處………昇州路二之一號
南京分行收付處太平路太平商場內中山東路二號
南京分行經理——彭　湖

付經理——王裕鑾（住東壁路七號）
陶桓芬
鼓樓辦事處主任——錢兆元
下關辦事處主任——邵瑩禧
昇州路辦事處主任——張可瑞
大行宮辦事處主任——鄭祖揚

三、交通銀行

交通銀行總管理處……中山東路一號
南京交通銀行董事長室……新街口
南京下關交通銀行……下關商埠街二五號
交通銀行白下路支行辦事處……白下路二〇三號
珠江路辦事處……珠江路黃浦路口
總管理處職員宿舍……淮海路樹德坊
總管理處高級職員宿舍……八寶前街三八號
中央商場辦事處……中正路中央商場內
三牌樓辦事處……中山北路六七三號
薩家灣辦事處……中山北路薩家灣
華僑路簡儲處……華僑路
鼓樓辦事處……中山北路六三七——七三九號
浦口辦事處……浦口車站左津浦二號
鄭州交通銀行南京辦事處……淮海路樹德坊七號
開封交通銀行南京辦事處……淮海路樹德坊八號
南京分行經理 程覺民
付經理 金天錫
吳伯芳
白下路支行經理 吳伯芳兼
下關支行經理 張琬如
珠江路辦事處代主管員 楊鐵崖
華僑路簡儲處主管員 高咸華
鼓樓辦事處主管員 藍長元
浦口辦事處主管員 舒紹業

四、農民銀行

中國農民銀行總管理處總機……中華路二一四號
董事長辦公室……黨公巷四號
南京分行經理室……中山東路八號
南京分行副理室……中山東路八號
南京分行營業間……中山東路八號
南京分行營業間……中山東路八號
下關辦事處……下關大馬路
中華路分理處（中華路二〇五號）三山街口

經理辦公處……………………北平路六二號
總管理處稽核室……………白下路一五九號
職員宿舍………………成賢街晒布廠四號
南京分行三牌樓分理處…………三牌樓
小營分理處………………………城北小營
孝陵衛辦事處………………………孝陵衛

中國農民銀行董事長　陳果夫
總經理　李叔明
儲蓄處處長　王晁
土地處處長　黄通
南京分行經理　陳勉修
下關辦事處主任　黄懋湑
小營分理處主任　黄叔端
中華路分理處主任　孫滌波
孝陵衛辦事處主任　方亞鑫

五、中央信託局

中央信託局南京分局……………………………白下路一七號及中山東路一〇五號
招待所……………………………天竺路二一號
宿舍…………………………………湖南路六六號
職員宿舍……………………中央路板井八四號
下關辦事處……………………………下關
地產科……………………………中山東路四三號
代理出售南京敵偽資財產委員會……………………中山東路一七八號

中央信託局局長——程遠帆
副局長——賀其燊　駱美中
南京分局局長——丁世琪
（住中山東路四三號）

六、郵政儲金匯業局

下關辦事處主任——樓啓鈞
郵政儲金匯業局……………………………新街口
會計處、保險處………………中央路章家巷
南京分局……………………………漢中路一號
城北辦事處……………………………薩家灣
城南辦事處………………………中華路三〇五號
太平路辦事處……………………………太平路
下關辦事處……………………………下關
總局局長——谷春帆（住花家橋一號）

副局長——陳述曾

何縱炎（住四條巷仁壽里三二號）

南京分局經理——汪一鶴

城北辦事處主任——戴廣運

城南辦事處主任——伍愛眞

下關辦事處主任——湯祥麟

七、中央合作金庫

中央合作金庫總庫……太平路三〇一號

下關分理處……下關

上新河分理處　上新河水府祠木業公所

理事長——陳果夫

總經理——秦勉成　副經理——汪茂慶

附：前四行總聯處

中中交農四行聯合辦事處……梅園新村三二號

中中交農四聯總處秘書室……中山東路一〇五號

四聯總處宿舍……頤和路二五號

南京銀行公會……中山路中國國貨銀行大廈三樓

第二節　資源委員會各附屬企業

資源委員會上海機器廠南京營業所……

……太平路四〇六號

中央有綫電器材公司籌備處……百子亭三六號

中央有綫電器材有限公司籌備處……珞珈路一四號

中央電工器材廠……鐵湯池明德新村

中央電工器材廠……陶谷新村一號

中央電工器材廠第三分廠……赤壁路一一號

第四廠昆明電池支廠南京辦事處……

……東海路八號

中央絕緣器材有限公司籌備處南京辦事處……

……中華路四四一號

全國水力發電工程總處……慈悲社一一號之一號

（又中央路六〇一號）

全國水力發電工程處……三元巷二號

中央鋁肥有限公司……荳菜橋五四號

油料分配委員會……太平路七〇號

中國石油有限公司南京辦事處……太平路七〇號

雲南錫業公司南京辦事處……大石橋新安里九號

礦產測勘處……高樓門峨嵋路二一號

華中礦務局南京辦事處……正洪街五二號

馬鞍山煤礦……馬鞍山

中央無線電器材有限公司籌備處南京廠籌建委員會……大樹根老三號之一
南京廠……板橋鎮
中央無線電器材廠……珠江路二七四號
中央溼電池製造廠南京辦事處……鼓樓平倉巷六號
材料供應事務所……三牌樓虹橋
保險事務所……太平路四〇四號
南京辦事處……吉兆營三四號
中國石油有限公司南京儲油處……下關煤炭港
中央化工廠總廠……燕子磯
上海機廠南京營業所……太平路四〇六號
中央電瓷有限公司籌備處……中央路許府橋
金屬礦業管理處……中央路虹橋
中央機器有限公司……大悲巷甯濬村二號
中央機器廠南京分廠……馬鞍山
電照廠……和平門外邁臯橋

第三節　各部院會所屬產業及企業

一、總統府

文官處印鑄局工廠……總統府內
職員宿舍……黃家塘二二號
文官處印刷工廠……黃家塘

二、國防部

測量局製圖廠……大石橋及黃家塘二二號
陸軍總部印刷所……中山北路二〇九號

三、行政院

行政院公教新邨……
一邨……藍家莊
二邨……迴龍巷
三邨……青島路
四邨……鼓樓
五邨……城南馬家巷

四、交通部

交通部天水鐵路工程局南京辦事處……中山北路九三八號
材料試驗所……模範馬路蔡家巷
南京港工程局……中山北路甯波同鄉會西安建村東鄰
材料服務廠……
鐵路聯運處……
公路總局第一運輸處南京分處……田吉營三三號

南京車站……林森路三〇四號
公路總局中國橋樑公司……雙石鼓路四二號
第一公路工程局南京修車廠……白下路一號
南京電信局京電印刷廠……
南京修理廠……中正路一九五號
交通部長江區航政局南京辦事處……下關江邊三號
華中鐵路浦鎮材料廠……慈悲社二號
公路總局汽車器材總庫……中央路盧龍路
同　上……漢中路牌樓巷一〇號
南京器材庫……中央北路一九七號

五、糧食部

糧食部糧食工廠管理處……中山東路一二八號
糧食工業公司……莫愁路一〇八號
有恆麵粉廠……下關三汊河
（一九四八年發還原業主更名爲恆和實記麵粉廠）
恆和油廠……同上
長江米廠……同上
集合米廠……同上
長江麥片廠……同上
儲運處南京總倉庫……鼓樓淵聲巷維慶里
長江區糧食總庫……下關大馬路
三汊河分庫……三汊河
儲運處……中央路童家巷三〇號
中國農業產製公司……鼓樓二條巷二號
南京糧食總倉庫……下關中山碼頭
下關分庫……下關中山碼頭
浦口分庫……浦口二馬路大陸旅社
三汊河分庫……三汊河大陸麵粉廠間壁
惠民河分庫……挹江門外二板橋
×合村分庫……中華門外西街

六、工商部

工商部中央工業試驗所……漢中鐵管巷一五號
酒精廠器材處理委員會……漢中路一一號
機械工廠……同　上
工商部中央標準局度量衡製造所南京工廠……水西門浮橋菱角市五號
中國紡織建設公司南京辦事處……碑亭巷一四八號
工商印刷廠……白下路五福巷十七號

七、農林部

農林部玲玲機製冷食廠……下關三叉河華河
傅厚崗三一號
下關魚市場
農林部中華水產公司南京辦事處……傅厚崗三一號
農林部中國農業機械公司南京分廠……大光路
農林部病虫藥械製造實驗廠……
孝陵衛中央農業實驗所
中國農林建設股份有限公司……雙龍巷一四號
祕書室……江蘇路四三號
中庫農業機械廠……水西門外牌坊街

八、教育部

教育部科學儀器製造所……
教育部中華教育電影製片廠……玄武門玄武大樓

九、衛生部

衛生部藥品供應處……黃浦路一號
衛生部南京倉庫……

十、南京市政府

南京市社會服務處交通車廠……廣州路一一號
南京市立酒精廠……碑亭巷一九九號
六區公所城北倉庫……山西路
工人福利社下關倉庫……中山碼頭
興建一、二號碼頭……下關

十一、中央黨部

中央黨部祕書處印刷所……估衣廊一一七號
總管理處……中山東路三九二號
中宣部國民印刷所……石鼓路俞家巷一六號
市黨部倉庫……建鄴路

第四節　聯勤總部所屬各廠

聯勤總部工程署逸仙橋材料廠……中山東路四一三號
第一軍械補給庫……下關商埠街五五號
第一汽車修理工廠第一分廠……三條巷文昌宮二號
經理署直屬南京調節倉庫……三牌樓
經理署直屬南京調節倉庫第三分庫……
下關大馬路一〇四號
第一糧秣實驗廠第一工場……小北門
第一糧秣實驗廠第二工場……三牌樓
第一糧秣實驗廠第三工場……建康路三三七號
電信機械修理廠第一臨時修理組……太平路二五號
兵工署第六十工廠……中華門外正學路
材料儲運處……中華門外
第五軍械儲備總庫……漢中路

第二軍械總庫……………………漢中路三四〇號
第四十四工廠駐京購運處……龍倉巷十六號之一
聯勤總部直屬南京特種器材庫……漢中門鳳凰街
聯勤倉庫（總部警衛團第四連）……………白果山
聯勤第一工程器材總庫……………………
聯勤四〇一汽車廠……………………中央路大樹根
聯勤第一汽車四級修理廠…………中央路馬家街口
聯勤總部首都被服實驗廠……………漢中路二〇六號
聯勤總部首都被服實驗廠織襪廠……華僑路一四號
聯勤總部第一被服總庫……………………
服裝修理所………………………三牌樓校門口
聯勤總部第一糧秣庫……………………三牌樓
聯勤總部南京供應局碾米廠…………福建路二八〇號
同　上第一糧秣庫……西華門倈巷良友里十三號
同　上第二糧秣庫……………三牌樓行政院後面
同　上第二糧秣庫……………………三牌樓小北門
同　上印製廠……………………………………
同　上第一軍械庫……………………………………
同　上第二軍械庫……………………………………
同　上第二軍械庫總庫第三分庫……………………

同　上通訊器材總庫……………………
三牌樓清涼古道十七號及小北門
同　上第一交通器材總庫……………………
同　上第　交通器材總庫第二器材倉庫連……
同　上直屬特種器材庫……………………
同　上第一工程器材總庫……………………
同　上第一工程器材總庫二分庫……………
同　上第一工程器材總庫四分庫…………
同　上第二分庫……………………………
同　上第三分庫……………………………
同　上南京麵包工場……………………
同　上第一被服總庫………………………
同　上首都被服廠……………上海路豈菜橋
同　上四〇一汽車修理廠…………………
同　上三〇一汽車修理廠…………………
同　上二〇二汽車修理廠…………………
同　上第一汽車輪胎廠……………………
同　上南京船舶修造廠……………………
同　上電信機械修造四分廠………………
同　上工兵器材修理廠……下關商埠街一號

同　上第一衛生器材庫……三牌樓小北門
同　上第一獸醫器材庫……浦口
同　上第一獸醫器材總庫……浦口
同　上第一獸醫材料試驗廠……浦口
同　上軍械保養實驗工廠……太平路中段
同　上軍械保養二營四連……
同　上電信機械修造總廠……
……浦鎮車站東南左所街八〇號及浦鎮衛站東南左所街胡家祠堂內
同　上特勤署中國電影製片廠……中山門外孝陵衛
同　上第九汽車修理廠……
同　上第一器材庫第二燃料連……
同　上直屬器材庫……
同　上南京供應局釀造廠……
同　上船舶廠第一分廠……下關第三碼頭
同　上兵工署應化所……大方巷一〇號
同　上兵工署軍械總庫……漢中門內
同　上兵工署一分庫……和平門外百果山附近
同　上兵工署二分庫……漢中路馬家園附近
同　上兵工署三分庫……商埠路五五號
同　上兵工署馬鞍山鍊鋼廠……馬鞍山
同　上第四糧庫……浦口
同　上第九二糧庫……浦口
同　上第九一糧庫……浦口
同　上電訊修造廠……太平路中段
同　上軍械保養實驗工廠……
同　上上元門軍械庫……
同　上下關四碼頭倉庫……
同　上特勤署軍人服務所……淮海路一號
同　第一汽車二級保養團……
第一汽車舊廢車處理委員會……
……南京中央路第一汽車四級修理廠內

附：各軍事機關軍用工廠、碼頭

空軍總部南京修理廠……防空學校
修理廠宿舍……三條巷文昌宮
空軍被服廠……管家橋四九號
海軍部工廠……下關浦口
黃浦被服廠……東石壩街一五號
軍政部首都被服廠……石鼓路一七四號
勵志社下關廠……下關老江口市場

中央軍裝刀劍廠……………………建康路三二四號
第一碼頭…………………原由美軍使用，現不詳
第二碼頭…………………由運輸指揮部使用
第三碼頭…………………由運輸指揮部使用
海軍碼頭…………………由海軍總部使用

第五節　省市銀行

山東省銀行辦事處…………………………
川康平民商業銀行分行…………中華路一二六號
經理——劉新銳
甘肅省銀行辦事處…………中山東路二四五號
主任——王志文
台灣銀行辦事處…………建康路二五三號
主任——謝惠元
四川省銀行辦事處…………………………
安徽地方銀行辦事處…………漢中路一一號之一
主任——吳邦護
西康省銀行辦事處…………………………
江蘇省農民銀行分行…………中山東路二二號
下關辦事處…………下關熱河路二八四號
職員宿舍…………城北傅佑路一號
江蘇省銀行分行…………建康路二四八號
經理——高佩德
浦鎮辦事處…………………………金壇門
經理——楊成一
江西省銀行辦事處…………………………
南京市銀行…………白下路一七號
城北辦事處…………中山路二一一號
董事長——沈　怡　總經理——周勵庸
河南省銀行分行…………建康路二六一號
陜西省銀行辦事處…………中華路一三一號
（青年會對過大樓）
貴州省銀行辦事處…………中亭路一六號
主任——談棟家
湖北省銀行辦事處…………珠江路七九號
主任——唐季涵（住上海路一八二號）
湖南省銀行辦事處…………………………
…朱雀路慧圓街二號（原在白下路二〇四號）
主任——楊光輝
福建省銀行通訊處…………鼓樓二條巷一一號
主任——梅慶椿

廣東省銀行支行……太平路四一五號
經理——區家傑
河北省銀行辦事處……中正路一五五號
廣西省銀行辦事處……中華路三三九號
主任——倪愼鏞
浙江省銀行……碑亭巷一一三號
江甯興銀行……中華路
經理——馮順伯

第六節 航空公司

中國航空公司南京辦事處……東海路一一號
南京站……明故宮飛機場
南京發報台……大光路二五號
職員宿舍……中山東路雨花巷一五號
外勤人員宿舍……小火瓦巷二二號
中國航空公司南京站……明故宮飛機場
辦事處……文昌巷大陽村一五號
職員宿舍……四條巷康樂村三號
航委會飛機修理工場……明故宮內

第七節 鐵路

京滬區鐵路管理局
南京辦事處……湖南路五六號
南京營業所……太平路二四號
南京總站……下關
總站長——許國燮
南京工務分段……下關
南京電務組……下關
京錫運輸段……下關
京錫警務段……下關車站
南京鐵路醫院……三牌樓和會街五〇號
津浦區鐵路管理局……下關中山碼頭
浦兗段管理處……四條巷良友里一八號
同上……下關中山碼頭
浦兗段管理處宿舍……百子亭四一號之二
浦口總站高級職員宿舍……文昌巷文壽里七號
職員宿舍……鼓樓四條巷二號之四
同上……中山東路二二號
粵漢鐵路駐京通訊處……估衣廊六六號
隴海鐵路管理局駐京辦事處……定竺橋梅園新村六號
天水鐵路工程局南京辦事處……中山北路九三八號
中國長春鐵路警局駐京辦事處……高門樓二七號

浙贛鐵路局駐京辦事處……中山北路

交通部鐵路總機廠……中山北路甯波同鄉會隔壁及東門街祁家橋吉如里

武漢車輛廠籌備處……中山北路甯靜路七號

江南鐵路白下公司……白下路九三號

南京辦事處……下關車站

中華門車站……中華門外雨花路

隴海鐵路銅山材料廠駐浦口辦事處……浦口興浦路五二號

中山碼頭

煤炭港火車渡江碼頭

第八節　招商局

招商輪船公司南京分公司……下關江邊及下關大馬路

經理——施復昌

大安躉船理貨部……江碼大碼頭

宿舍……馬家街永新里一二四號

招商局三號碼頭

同上四號碼頭

同上五號碼頭

第九節　漢奸產業

（已爲偽中央信託局所標售）

漢奸姓名	產別	逆產地點	附註
梅思平	房地	石婆婆巷四九號	
李聖五	房地	北平路六六號	
岑德廣	房地	琅珈路二一號	
褚民誼	房地	頤和路三四號	
褚民誼	田地	湯山坟頭村烏龟山	
褚民誼	田地	中山東路九板橋東北半里	
楊建中	浮房	惠民橋五九、六〇號	計二處
周學昌	房地	丹鳳街一四六號	
周學昌	房地	止馬營一〇六至一一〇號	計三處
周學昌	基地	山西路江蘇路轉角及上海路陰陽營	
王益之	房地	白下路一五九、一六一、一六三、一六五、一六七號	計五處
鄧祖禹	房地	白下路二四二號	後門牙巷新五號
顧大椿	房地	中華門外二三號鉅大銀行	
岳子章	田地	柳州州地	
岳子章	房地	大石壩街四〇號	

岳子章 房地 太平洋餐廳東邊二一號
周峰庠 房地 牯嶺路三四號
徐匯弼 房地 內橋灣五六號
凌霄 房地 大光路大光東村一至二二號 計廿二處
凌霄 房地 大光路大光新村一至五〇號 計五十處
陶保晉 房地 湯山陶廬
陶保晉 基地 貢院西街一九號
陶保晉 基地 貢院西街一九號之四至八 計五處
陶保晉 房地 貢院西街一九號之九及二十一號 計二處
陶保晉 基地 夫子廟市場二一三號之一至十 計十處
陶保晉 基地 夫子廟市場二一三號之一一、一三、一八、一九、廿七至卅三、卅五、卅九、四〇 計十四處
陶保晉 基地 夫子廟市場二一五號
楊班侯 房地 泥馬巷五七號 計二處
陳國琦 房地 西康路二七號

陳國琦 基地 西康路二號（一部份基地）
傅勝藍 房地 內橋灣六四號
金宏義 浮房 中華路四六三號大同銀行
金宏義 房地 中華路四七五、四七七、四七九號 計三處
金宏義 房地 中華路一九二號
唐少侯 房地 湖南路五一〇號
唐少侯 房地 平江府街聯合商場
唐少侯 基地 湖北路八九號
唐少侯 房地 沙塘園七號
羅華堂 房地 上新河棉花堤二〇號
秦墨哂 房地 白鷺洲東花園二六號
秦墨哂 房地 珠江路六六〇、六六二、六六四之一六六六、六六八號 計五處
嵇儲慶 房地 西康路一號
袁國忠 房地 長樂路二二五號
劉開發 浮房 循香里一四七號
沈秀友 浮房 中華門外窰灣街四四號
顧寶衡 房地 八寶前街六四號之一
顧寶衡 房地 鼓樓五條巷西街十九號

姓名	種類	地址	處數
呂振揚	房地	漢中門外鳳凰東街三九號	
陳善貴	房地	西善橋通惠里三九號	
葛亮疇	房地	中山東路四二號	
葛亮疇	房地	香舖營八、一〇號	計二處
葛亮疇	房地	下浮橋二、四、六號	計三處
葛亮疇	房地	柳葉街一三六、一三八號	計二處
葛亮疇	房地	中華路七五號	
張惕勤	房地	淮海路一四五號	
吳振華	典房	泥馬巷踹布坊三號	
吳振葹	房屋	泥馬巷踹布坊二一號	
吳饜修	房地	白下路祥瑞里五、六、七、十二、十三、十四號	計六處
關仲義	房地	下關寶善街一七三、一七五、一七七號	計三處
趙正榮	浮房	白下路一五四號後進	
趙正榮	浮房	白下路一三二號	
潘俊滔	房地	明瓦廊八號	
楊重華	房地	三條巷聚槐村六號	
鄒正利	典屋	磊功坊二九號	
實德新	房地	珠江路五三一號	
李慧濟	房地	湖南路一三二號	
徐日永	房地	飲虹園一號	
張立成	房地	四條巷仁壽里三四號	
王樹柯	房地	平江府街一三號	
孔經武	房地	下關名士埂三、六——三七號	
孔經武	房地	下關名士埂四七——五八號	
趙鏡錦	房地	明瓦廊七二號	
周佛海	房地	西流灣七、八號	計二處
李長江	房地	紅花地六號及六之四、五、六號	
李長江	房地	一枝園五四號	
李長江	房地	莫愁路二一七至二一九號之一	計三處
李景春	房地	大石橋荷葉巷二四號	
李尚清	房地	長生祠三六號	
周元章	房地	珠江路花紅園十八、廿、廿二、廿四號	計四處
黃郛	房地	慧圓街一二號	
張人傑	房地	鈔庫街六二號	
張人傑	房地	中華門外西街上碼頭一三號	
張人傑	基地	信府河一三三號	

胡正剛　房地　螺絲轉灣三十一號
周　緯　房地　慈悲社二〇號
周　緯　房地　沈舉人巷二〇號
程萬軍　房地　一枝園三八號
武福齋　房地　鷺鷥橋四號
聶子江　草地　三牌樓狗兒巷二三號
聶子江　草地　三牌樓斜橋二三號
趙樂才　房地　木匠營十二號
趙樂才　房地　花露崗七三號
楊惺華　房地　高樓門六號
楊惺華　房地　國府路二三二、二三四、二三六號　計二處
王懷立　房地　四衛頭一六號之一
畢輔良　房地　鼓樓新村八號
羅君强　基地　中山門外首蓿新村
高鎮華　浮房　太平路一九六號
劉相圖　房地　三條巷一〇、一二號　計二處
高雲階　房地　堆草巷十三號
常玉清　浮房　貢院街國際飯店
常玉清　房地　祠堂巷五號

常玉清　田地　江甯縣孫北鄉
張四郎　房地　建康路五五二號
畢正清　浮房　下關三汊河石樑柱二二一、二二六號
畢正清　浮房　下關三汊河北新河村七號
畢正清　浮房　下關復興街六號
畢正清　草房　下關寶善街二六號
畢正清　浮房　下關姜家園一五三—一六〇號
陳　羣　房地　頤和路二號之一
汪叔梅　房地　頤和路六號
韓文炳　房地　鼓樓三條巷十三號
范宏濤　房地　下關姜家園五九號
蔡良弼　房地　丹鳳街一四號
趙公瑾　房地　門東郝家橋五、六號及五號之一　計三處
王家鑫　房地　紗帽街一四號
鄒曜宗　房地　四條巷一六七號
黃冉興　房地　林森路三三一號
黃冉興　房地　尖角營四五、四六號　計二處
裴開疆　房地　新街口四號

鍾劍魂	基地	傅厚崗十六號	
鍾洪聲	房地	甯海路四四號	
王敏中 李文濱	房地	虎踞關西倉六號	
蔣鎮東	房地	黃鶴巷五三、五四號	計二處
王者圭	房地	西華門四條巷一二八、一三〇、一三二號	計三處
蘇加興	房地	湯山侯村	
張夢南	房地	貢院東街五六號	
張夢南	房地	柳葉街九八、一二六號	計二處
張夢南	房地	門東龍泉巷二號	
楊兆頤	房地	大鷹家巷二一號	
俞 棪	房地	天目路一九號	
翟家義	房地	江甯縣義記糧行	
翟家義	房地	江甯縣翟逆原有住宅	
翟家義	田地	江甯縣銅井劉村永興圩	
翟家義	田地	江甯縣銅井三興圩上段	
翟家義	田地	江甯縣銅井裘家圩	
翟家義	田地	江甯縣牧龍鎮趙家圩	
翟家義	田地	江甯縣第二區國林鄉上磚牆村	
翟家義	田地	江甯縣第二區和甯鄉佛來村山凹村	
翟家義	田地	江甯縣第二區和甯鄉金圩及前頭圩	
翟家義	田地	江甯縣第二區和甯鄉王家圩	
翟家義	田地	江甯縣第二區和甯鄉新圩	
翟家義	田地	江甯縣第二區和甯鄉府八府二村等處	
翟家義	田地	江甯縣第二區正甯鄉河中村	
翟家義	田地	江甯縣陸郎鎮下溪村	
翟家義	田地	江甯縣陸郎鎮後城村	
翟家義	田地	江甯縣陸郎鎮石門村禪居寺等處	
金中鈞	房地	江甯縣上峯鄉周家邊	
金中鈞	田地	江甯縣上峯鄉	
金中鈞	田地	江甯縣青林鄉	
郁士福	房地	江甯縣鶴令鄉湑塘村	
郁士福	田地	江甯縣鶴令鄉湑塘村	
馬子和	房地	豐富路三〇七號	
景宗五	房地	內橋灣四〇號	
景宗五	房地	中山東路三〇七號	
程則周	房地	湯山鎮	
程則周	田地	湯山鎮寺莊	
程則周	田地	湯山鎮東山	

姓名	類別	地址	備註
周之聖	房地	六合北門太街九三號	
周之璽	田地	六合新橋鄉八甲謝莊	
王成榮	房地	水西門外橋西大街八三號	
竇靜齋	基地	長樂路三四〇號	
程朗波	房地	建康路四六〇號	
陳能鈺	草房	江寧縣西塘角村	
陳能鈺	田地	江寧縣西塘角村	
趙維叔	浮房	平安巷一號之一	
趙維叔	浮房	昇州路二九二、二九四號	計二處
趙維叔	房地	昇州路一八七號	
奚續卿	房地	江寧縣秣陵鎮路家巷	
奚續卿	田地	秣陵鎮第四保西圩	
陳華柏	房地	乾河沿三號	
白雲樵	房地	秣陵路一九三號	
白雲樵	房地	太平路一〇八、一一〇號	
黃凱吾	房地	戴家巷四維新邨十二號	
王京忠	房地	安將軍巷三八號	
陳長有	房地	大油坊巷一六號	
陳長有	房地	中華門外西街八五號	
錢奎	房地	磨盤街四〇號	
錢奎	房地	評事街一四一號	
岳雲亭	房地	長樂路三七號	
唐松亭	房地	秣陵路桃園	
楊叔丹	房地	上海路四六號	
姜桓	房地	慈悲社六號	
陳光祺	房地	江寧縣牧龍鎮	
陳光祺	田地	江寧縣牧龍鎮	
胡競猷	房地	三條巷仁義里仁義坊一至十八號	計十八處
蔡焜	基地	沙塘園二四號	
韓春第	房地	石鼓路三一號之一	
潘甯	房地	湖南路一一三號	
潘甯	房地	高門樓一三號	
潘甯	房地	天目路西康路四〇號	
潘甯	房地	高門樓五、六號	計二處
潘甯	房地	湖南路一五一、一一一號	計二處
潘甯	房地	獅子橋一四、一五號	
王承典	房地	保泰街六二、六四號	計二處
胡逸民	房地	吉昌里一、二、三、四號	
閔永安	房地	建鄴路一一號	

周伯衡　房地　江寧縣孟北鄉第六保周冲村
江亢虎　田地　上新河雙閘鎮
林柏生　田地　江寧縣一區岔路鎮
林柏生　田地　江寧縣東山鎮
程建民　房地　江寧縣上峯鎮
程建民　房地　東文正橋街八號及八號之四
楊際春　房地　文正橋街六號
張永清　房地　糖坊橋五五、五七號
王　傑　房地　白下路八三號
徐晴宇　房地　韓家巷一五號
呂必鋼　房地　湖南路三三一號
呂必鋼　房地　金沙井四三號
呂必鋼　房地　金沙井四五號
繆鳳池　房地　建康路六九號
吳榮奎　浮房　水西門外南傘巷一三號
東牌樓五洲旅社
北平路六十六號
鼓樓三條巷一三號
珞珈路二一號
四衛頭一六號之一號
西康路二七號
中山東路四三號
西流灣七號
沈舉人巷二〇號
西流灣八號
陰陽營六之三號
頤和路六號
新街口四號

附一：前善後救濟總署蘇甯分署籌設倉庫工場

一、白下路手工場……………白下路倉庫內
二、莫愁路手工場……………莫愁路
三、南京平民供應食堂……………珠江路蓮花橋
四、倉庫
A、第一倉庫……………下關煤炭港
B、白下路倉庫……………安徽中學內
C、第三倉庫……………下關中山橋
D、第四倉庫……………勵志社
E、第五倉庫……………中華門外集合村
F、第六倉庫……………三叉河

附二：前軍委會軍政部後方勤務總司令部各工廠倉庫

軍委會戰運局第五工程隊……陰陽營五五號
辦事處……石鼓路三一號
軍政部兵工署軍械儲備總庫……漢中門三四〇號
兵工署材料試驗處……三條巷六合里六號
第五三兵工廠……湖南路勤益里四號
軍需署南京儲備倉庫……石鼓路三三六號
首都被服廠……石鼓路一七四號
首都臨時木工廠……中山北路舊鐵道部內
酒精廠……廣州路八五號
首都糧秣倉庫……下關大馬路
首都定淮門臨時倉庫……三牌樓定淮門
首都臨時第三汽車修理廠……中央路
後方勤務總司令部第一軍械補給庫……奇望街二八三號
第一糧秣補給庫……中山東路忠林坊二號
第一被服補給庫……
第一衞生材料補給庫第三支庫……中山北路
第一汽車修理工廠……中央路

第二章 公用事業

第一節 電信

電信總局……中山北路交通部內（薩家灣）
駐國民政府通信組……國府路
駐國防部快機班……黃埔路
第二區電信管理局……許家巷（已移杭州）
下關倉庫……下關
第三線務段……珠江路珠安里四二號
京銅復線工程辦事處……湖南路三三五號之四號
南京電信局……
局長 計舜庭
有線電報局……楊將軍巷
無線電報局……中央門外
傳眞電報……中山東路財政部對面
市內電話總局……黨公巷
北分局……薩家灣
太平路營業處……太平路二一二號
新街口營業處……中山路三號
中山北路營業處……中山北路二〇五號
下關營業處……下關大馬路四〇號
昇州路營業處……昇州路三六五號

長樂路營業處……長樂路三三號
水西門營業處……
……水西門內昇州路二六二號
薩家灣營業處……薩家灣七七〇號
下關車站營業處……下關車站
浦口營業處……浦口大馬路一號
成賢街營業處……成賢街
黨公巷營業處……黨公巷三〇號
大會堂營業處……國府路
華僑招待所營業處……

公用電話：

社會部社會服務處下關服務站……下關中山碼頭
社會部社會服務處業務組公用電話……
……中山路一〇號
市黨部夫子廟社會服務處公用電話……夫子廟
中國旅行社南京分社公用電話……朱雀路一一號
中國旅行社南京分社公用電話……
……中山路二八六號
中央商場公用電話……中正路六九號
復興商場公用電話……中正路

永安商場公用電話……貢院街
公教新邨第四邨電話……中山北路
南京國際支台……傅厚崗七號之十
總辦事處……中山路三號
營業處……中山北路二〇五號

第二節　郵政

郵政總局……中山北路校門口
同　上局長室……下關大馬路
同　上業務處、聯郵處……建康路郵局
同　上會計處、視察室……白下路二〇九號
江蘇郵政管理局……下關大馬路
同　上……二條巷一七號
同　上支局……建康路
同　上支局……太平路
同　上支局……昇州路
同　上支局……三牌樓
同　上支局……鼓　樓
同　上支局……中華路
同　上支局……莫愁路
同　上支局……新街口

同　上支局……薩家灣
同　上支局……小營
同　上支局……黃浦路
同　上支局……孝陵衛
同　上支局……陵園
同　上支局……京滬車站
郵亭……中央路童家巷
郵亭……山西路口
郵亭……成賢街中央大學內
郵亭……珠江路
郵亭……中正路中正商場
郵亭……五洲公園
郵亭……建鄴路珠寶廊
郵亭……甯海路
郵亭……白下路中正街
郵亭……雨花路正學路口
郵亭……楊公井三十四標口
郵亭……林森路國民參政會旁
郵亭……建鄴路豐富路政治大學內
郵亭……夫子廟泮宮前
郵亭……富貴山國防部內

第三節　自來水

南京自來水管理處……貢院街四五號之三（太平路麟和里）
處長——吳杭勉
水廠……北河口
蓄水池……清涼山
增壓站房……中山北路龍池庵口四望山
器材庫……漢中路及西華門

第四節　電廠

揚子電氣公司首都電廠……中山路二號首都大樓（中山路五八號）
廠長——陸德會
發電所（附設一倉庫）……下關江邊
電業處……中山東路逸仙橋
電業第一區辦事處……中山路二號樓下
電業第二區辦事處……中山北路九三四號
倉庫……西華門外
配電所（十一處）……新街口
宿舍……挹江門內龍池庵久安里六號

第五節　公共汽車（附鐵道輪渡）

首都公共汽車股份有限公司……中正北路二八九號（頌興大樓）

總經理——孫文奎（魁）……

總站……建鄴路二號

上海路區站……城西上海路

下關保養站……下關熱河路

淮海路保養分廠……淮海路十七號

江南汽車股份有限公司……中央路五九九號

總理——吳琢之

總站……淮海路五號

江南汽車股份有限公司兄弟汽車行……國府路三五二號

華德汽車行……中山路一三一號

福泰汽車行……太平路戶部街

新都汽車行……中山北路一一二號

南京三輪車公司……珠江路四三〇號

附：市內鐵路

交通部京市鐵路管理處……下關

國府路車站……

三牌樓車站……

附：輪渡

交通部首都鉄路段……下關中山碼頭（有南京、浦口、凌平、滄平等輪船）

第六節 廣播電台

中央廣播事業管理處……丁家橋中央黨部內

總務科……湖南路一一號

宿舍……鼓樓五條巷挹華里三號

中央廣播電台……祠堂巷二五號

台長 吳道一

播送機房……江東門

廣播大樓……淮海路

宿舍……成賢街沙圈塘一號

建業廣播電台……中正路五七二號（建康路）

金陵廣播電台……建康路三一八號

首都廣播電台……延齡巷四〇號（二郎廟）

軍中廣播電台……漢中門蛇山一〇號

益世廣播電台……鐵管巷

青年廣播電台……洪武廟後街一〇號

空軍廣播電台……珠江路小營

美軍廣播電台……

資源廣播電台
青年文化廣播電台……珠江路一七四號

第三章　合作事業

第一節　信用合作社

南京市第一信用合作社……中正路一三二號
第二信用合作社……夫子廟三一七號
第三信用合作社……銅作坊五六四號
第四信用合作社……中華路六十一號
第五信用合作社……珠江路一〇號
第六信用合作社……中華門外雨花台路五五號
第七信用合作社……下關鮮魚巷六八號
第八信用合作此……朱雀路四九號
第九信用合作此……遐戶部街一號
第十信用合作社……建康路一四六號
第十一信用合作社……大油坊巷五二號
第十二信用合作社……漢中路九號
第十三信用合作社……林森路一八八號
第十四信用合作社……昇州路四號
第十五信用合作社……太平路六三號
第十六信用合作社……碑亭巷一八一號
第十七信用合作社……魚市街七一號
第十八信用合作社……洪武路二九八號
第十九信用合作社……白下路一八一號
第二十信用合作社……下關綏遠路一一四號
第二十一信用合作社……下關大馬路　號之一
第二十二信用合作社……中山東路二四〇號
第二十三信用合作社……下關永寧街七五號
第二十四信用合作社……中山路一六一號
第二十五信用合作社……昇州路三六五號
第二十六信用合作社……中山北路山西路廣場
第二十七信用合作社……廣州路中山路口
第二十八信用合作社……昇州路大板巷八七號
第二十九信用合作社……唱經路西街四七號
第三十信用合作社……昇州路弓箭坊三三之三號
第三十一信用合作社……評事街四五號
南京市儲蓄質押信用合作社……建康路八五一號
南京市文化事業信用合作社……香舖營一二號
首都婦女信用合作社……太平路三〇五號
南京市文化事業合作社……中華路六五號

南京仙舟紀念信用合作社……太平路三〇五號
南京光明信用合作社……康建路胡安巷三號

第二節　生產合作社

南京市工業生產合作社……竹竿里十五
第一機器碾米生產合作社……水西門外道梗子六八之三號
第一釀造生產合作社……安將軍巷三號
第二縫紉生產合作社……黃泥崗二十號
第一碾米生產合作社……雨花路掃帚巷四十五號
第二碾米生產合作社……雨花路一一四號
第三碾米生產合作社……唱經樓西街六十五號
第一織布生產合作社……漢西門堂子街三十七號
第三織布生產合作社……止馬巷二九〇號
第四織布生產合作社……小五府巷二十三號
第五織布生產合作社……中正路一三〇號
婦女工藝生產合作社……林森路三一八號
聾啞工藝生產合作社……建康路二八五號
絲絨生產合作社……明瓦廊八十一號
農具生產合作社……水西門北傘巷十三號
邁皋橋石灰生產合作社……邁皋橋第七號
白鷺洲養兎生產合作社……東花園廿六號
二道梗子養猪生產合作社……二道梗子二十三號
清潔用具生產合作社……漢中路西段二一四號
南京生產合作社化工廠製皂部……

第三節　公用合作社

南京市第一公用合作社……白下路二三四號
第一住宅公用合作社……廣州路
第二住宅公用合作社……玄武門和平新邨六號
第四住宅公用合作社……瑯琊路十號
第五住宅公用合作社……黃泥崗十三號

第四節　運銷合作社

南京市八卦洲農產運銷合作社……八卦洲
南京市上新河農產運銷合作社……上新河
南京市第一三輪車運輸合作社……中山東路鄧府巷十八號
南京市第一汽車運輸合作社……
南京市木材運銷合作社……
南京市鄉區合作社
南京市孝陵衛鎮合作社……孝陵衛
南京市孝陵衛鎮合作農場……孝陵衛鎮八十七號

南京市陽泉鄉合作社……湯山
南京市興義鄉合作社……十三區興義鄉
中美合作農場……中山門外侯安塘南園
江甯示範合作農場（屬合作社局）……江甯縣
中國合作圖書用品生產合作社……太平路三〇三號
中國經濟書刊生產合作社……太平路三〇五號
東南合作印刷廠……衞巷三十六號

第五節 消費合作社

首都消費合作社……太平路一三七號
昇州路分社……昇州路三三二號
新街口分社……新街口三號之三
山西路分社……山西路口
珠江路分社……珠江路六一六號
宗老廟分社……社會部內
建康路分社……建康路
中央醫院分社……黃埔路
資委會分社……三元巷二號
首都監獄分社……老虎橋四五號
中央路分社……中央路
燕子磯分社……燕子磯
三牌樓分社……三牌樓
警察學校分社……清涼山
中農所分社……孝陵衞
益世廣播電台分社……鐵管巷七八號
南京市政府分社……夫子廟貢院市府內
聯總南京供應局分社……三牌橋
三青團南京印刷廠分社……三條巷八號

第六節 機關消費合作社

國防部官兵消費合作社……太平路三八五號
國立政治大學員工消費合作社……豐富路三四〇號
江蘇郵政管理局員工消費合作社……下關
交通部郵政總局員工消費合作社……校門口建鄴路
郵政儲金匯業局南京分局員工消費合作社……新街口郵匯局
四聯總處員工消費合作社……淮海路金湯里
中央銀行員工消費合作社……鼓樓中央銀行內
中國農民銀行總管理處員工消費合作社……中華路廿四號
中國農民銀行孝陵衞分理處員工消費合作社……孝陵衞

中央信託局南京分局員工消費合作社……中山東路

交警總局員警消費合作社……白下路二五二號

資委會煤業總局員工警消費合作社……上海路鋼銀巷耀華里

揚子江水利委員會堵口復堤工程總處員工消費合作社……甯海路九一號

南京市印刷廠職工消費合作社……西華門三條巷八號

南京市粮食消費合作社……

南京市銀行合作社……新街口國貨大樓三號

南京市銀行業同仁消費合作社……新街口國貨大樓四樓

第七節　合作機構及社團

社會部合作事業管理局……中央路四〇〇號

中央合作指導委員會……中央路四〇〇號

南京市社會局……市府路

中央合作金庫……太平路三〇一號

中國合作事業協會……太平巷十四號

中國合作學社……中央路四〇〇號

民力報社……太平巷十四號

中國合作社物品供銷處南京辦事處……中山路三號之三

民力通訊社……中山路三號之三

合作評論社……太平路三〇一號

中國合作圖書用品生產合作社……太平路三〇一號

中國經濟書刊生產合作社……太平路三〇五號

中國合作生活服務社……戶部街第一號

南京市私立民力學校……中山北路東門街三十號

南京市合作社聯合社……竹竿里十五號

第六編　文化事業

第六編 文化事業

第一章 學校

第一節 大學及專科

一、國立

中央大學（文學院 法學院 工學院 理學院 師範學院）

事務室……成賢街四牌樓

醫學院 農學院 大學醫院 牙症醫院……丁家橋

教育心理研究所……傅厚崗九號之一

南高院臨時教職員宿舍……成賢街四牌樓

國立藥科專科學校……馬家街一號

國立東方語文專科學校……北區二牌樓紫竹林巷二一號

國立中央高級助產職業學校……石鼓路八七號

國立音樂院……西康路古井寺附近

國立邊疆學校……光華門外石小坎

國立戲劇專科學校……光華門大光路大陽溝（大光東村）

國立中央高級護士職業學校……中山東路黃浦路口

國立高級印刷職業學校……后宰門路

國立社會教育學院

國立政治大學（分院……棲霞山 辦事處……石鼓路一〇〃號 本部……雞鵝路一七四號）

第二辦公廳（法官訓練班 公務員訓練班……中山門外孝陵衛 新生院……鐵匠營）

介壽堂（同學會）……洪武路

中正學校大學部籌備處……白菓園四六號

中央衛生實驗院……黃埔路一號

二、省立

山東省立師範學院……漢口路第五區中心國民學校

震華文學院……石鼓路一〇九號

三、教會

金陵大學……天津路一號

農業經濟系……小紛橋三號

農專科……北陰陽營五四號

圖書館……天津路四號

教職員宿舍……平倉巷一二號

神學院……漢中路一七六號

金陵女子大學文理學院……東瓜市

鳴遠新聞專校……太平路二之一號

聖經學院……大香爐三四號

四、私立

建國法商學院……匡廬路二〇號

重輝商業專科學校……四象橋

南京工業專科學校……門東小膺府七號

新中國學院……武進路三九三弄三〇號

鼓樓書院……中山北院

第二節　中等學校

一、公立職業學校

江蘇省立江甯師範學校……太平路三八二號

市立師範學校……中華門外西街小市口

市立商業職業學校……武定門小心橋六號

市立農業職業學校……燕子磯

國立繅業職業學校……光華門外

二、公立中等學校

市立第一女子中學……中華門許家巷四四號

市立第二女子中學……國府路笪橋七一號

市立第三女子中學……中正路羊皮巷

市立第一中學……中華路府西街一四號

第二中學……中央門許府巷鐵市口

第三中學……太平路白下路昇平橋一號石獅子處

第四中學……漢中路龍蟠里四七號

第五中學……石鼓路三茅宮三茅巷一〇號

第六中學……清涼山乾家橋

第一初級中學……武定門蓮子營一三號

第二初級中學……鼓樓公園三號

第一補習學校……鼓樓中央銀行對面

第一補習分校……夫子廟泮宮

國立社會教育學院附屬中學……石鼓路一〇九號

第二臨時中學……石鼓路

三、其他（公立學校）

教育部特設盲啞學校……中華門門東剪子巷六二號
國立國民革命軍遺族學校……孝陵衛四方城
空軍子弟學校……白下路
海軍子弟學校……挹江門

四、教會：

金陵護士職業學校……鼓樓南三號
新華無線電工程學校……王府園三一號
南京私立金陵中學……乾河沿一號
南京私立匯文女子中學……中山路二三六號
中華女子中學……保泰街三五號
明德女子中學……莫愁路五四號
南京青年會中學……保泰街七號
育羣中學……中華路三五四號
金陵女子大學附屬中學……甯海路東瓜市
聖心女子大學……莫愁路
聖比女子大學……燕子磯
聖三中學（于斌辦）……太平路太平巷二號

五、私立中等學校

憲光中學（憲兵辦）……獅子橋
中正中學……漢中路左所巷口（上海路南口）
黃浦子弟學校
安徽中學……白下路二一七號
鍾南中學……碑亭路一〇二號（林森路口）
青奮中學（三青團辦）……中華門西殷高巷米順里
石城中學……玉泉路十四號（石鼓路）
南蘇中學（三青團辦）……一院中山北路黑龍江路海軍部東首　二院鼓樓黃泥崗三九號
青年中學……北極閣下
樂育中學……中華路
東方中學……林森路二七一號
惠民中學……下關惠民路
大雄中學……倉巷同牙巷一五號
可蘭中學（回教辦）……石鼓路敎立
樂羣中學……中央路蘆虎溝臥佛寺六三號之一
華南中學……鼓樓淵聲巷二〇號
道勝中學……中山北路一二〇二號
挹江門勝公會
智南中學（孫科辦）……中央路一八〇之一
高中部……中央路門樓上新一號
治城中學……安品街五四號（昇州路）

大中中學（青年黨辦）……大光路大光新村對門
復興中學……紅廊街
京都中學……南京市青年救濟服務協會
東岑中學……
晉德中學……中華門外晉德寺
首都中學……楊將巷四八號
四明中學……廣州路
成美中學……明玉廊（中正路）
鍾英中學……中華路府西街南捕所一四號
弘光中學……（男）林森路二七九號
（女）莫愁路明德女中隔壁
江南中學……建鄴路一四三號（鼎新橋）
劍南中學……淵聲巷龍家新村
勵志中學……黃埔路勵志社內
生源中學……光華門石門坎
昌明中學……磊功巷一七號
培育中學……船板巷內胭脂巷二三號
石鼓路四一號
和平中學……中央門邁皋橋

大仁中學……四象橋邀貴井
永青中學……成賢街教育部對面
志仁中學……成賢街教育部對面
鍾山中學……初中部馬道街五號
高中部白下路二六六之一
念慈中學……中央路許府巷口北面
淳清中學……漢西門陶李王巷（洪武路南端）
培理中學……陶點鎮
棲霞宗仰中學……棲霞山
航建學校……下關三汊河石梁柱
雨人中學……交通洪武路小火瓦巷
（交通警察子弟學校，忠義救國軍子弟學校）
東南中學……中山門內半山園半山寺前
晉台中學……中華門外雨花路
伯純中學……獅桶巷（長樂巷）
復旦中學……碑亭巷
志成中學……碑亭巷
浙光中學……朱雀路三八號
進文中學……夫子廟東石壩街一三號之四
三山初級中學……中華門外板橋鎮

積業中學……天子廟東關頭五三號

建設中學……南京棲霞山

六、私立補習學校

立信會計夜校……珠江路

求實高級會計職業補習學校……建康路三一號

厚德高級會計職業補習學校……中山東路四條巷英威街厚德里內

修孖無線電職業學校……中正路程閣老巷四號

正風無線電職業學校……珠江路鷄鳴巷二五號

中流補習學校……評事街泥馬巷二四號

積業補習學校……白下路二一七號

淳清補習學校……洪武路二六九號

育英補習學校……中華路望鶴崗一號

四門補習學校……鈔庫街二五號

秣陵補習學校……火瓦巷四九號

衛理斯補習班……昇平路一一一號

林氏補習學校……黑簪巷八號

新民職業補習學校……東牌樓大黨巷一號

重慶職業補習學校……光華路三四號

惠利中西文打字補習學校……中華路五〇號

耀華中西文打字補習學校……洪武路廖家巷八號

華業中西文打字補習學校……新街口大豐富巷一〇七號

公敎中西文打字補習學校……鼓石路八五號

南京會計補習學校……白下路二一二號

謝氏英文補習學校……秣陵路正大里四號

竟成速記專修學校……泥馬巷二四號

建國英語補習學校……天竺路五號

大衆汽車駕駛補習學校……鼓樓保泰巷三七號（中正路八條巷一二號）

耀華汽車駕駛補習學校……平江府街新姚家巷口二九號之三

中華會計統計補習學校……漢口路國民學校

國民銀行函授學校……常府路一號

克強補習學校……二廊廟八號

速成英語晚班……高樓門

中國會計學社會計補習學校……香舖營小學

亞偉速計學校南京講習班……逸仙橋

培根補習學校……新街口大豐富巷三二號

弘光高級英文補習班……林森路二七九號

中國速記學社訓練班……東海路大行宮小學

營造同業公會營造工業訓練班……中山東路上乘巷

第三節 初等學校

一、市立

耆老橋小學……一區
鄧府巷小學……一區
大中橋小學……一區
香林寺小學……一區
逸仙橋小學……一區
大光路國民學校……一區
藍家莊小學……一區
香鋪營小學……一區
大行宮小學……一區東海路
第一區國民學校……南國珠江路
第二區中心國民學校……夫子廟
二條巷小學……二區
綉花巷小學……二區
八府塘小學……二區
三條巷小學……二區
白下路小學……
第三區中心國民學校……中華路府西街
慧園街小學……三區 改爲朱雀路小學
火瓦巷小學……太平路江甯師範後面 三區
洪武路小學……三區
游府西街小學……財政部後面 三區
建康路小學……三區
新廊小學……四區
顏料坊小學……四區
剪子巷小學……四區
荷花塘小學……四區
夫子廟小學……四區 有一小、二小兩所
馬道街小學……四區
安品街小學……四區
第五區中心國民學校……漢口路
倉巷小學……莫愁路五區 改爲丁家巷小學
五台山小學……五區
漢中路小學……五區
許事街小學……五區
朝天宮小學……五區
清涼山小學……五區
中央路小學……六區

第六區漢口路國民學校
第六區南昌路國民學校……南昌路六一號
淵聲巷小學……六區
陰陽營小學……六區
慈悲社小學……六區
鼓樓小學……六區
瑯琊路小學……六區
三牌樓小學……六區
玄武門小學……六區
下關七區中心國民學校
興安路小學
莫愁湖小學……水西門外
孝陵衛小學
雙塘小學
玄武湖小學
雨花路小學
祖人巷小學
船板巷小學
磨盤街小學
邊營小學

秣陵路小學
釣魚台小學
滌巷小學
砂珠巷小學
羅廊巷小學
文昌巷小學
浦口小學
明孝陵小學
程善坊小學
鳳凰街小學
小西湖小學
綏遠路小學
蓮子營小學
長樂路小學
徐家巷小學
老棚小學
信府河小學
周處台小學
第十一區碧峯寺國民學校
承恩寺國民學校

十二區中心國民學校……水西門外
會公祠國民學校……
鈔庫街國民學校……
市師附小……
和平門國民學校……
九區禚家橋國民學校……燕子磯
十三區中心國民學校……湯山

二、私立

中華海員中艙子弟小學……四牌樓縣左街二四街二號
曉莊小學（基督教會辦）……和平門外曉莊
新生小學（基督教會辦）……林森路二七九號
育羣小學（基督教會辦）……中華路四〇號
明德女中附小……莫愁路五四號
慶東小學
下關煤炭港工人子弟學校
憲光小學
類思小學
道勝小學
益智小學
華南中學附屬小學……鼓樓淵聲巷龍家新村
南蘇中學附屬小學……中山北路海軍部東首黑龍江路
華南小學……鼓樓淵聲巷龍家村
育華小學……新街口大豐富巷三二號

第二章　報社

大公報駐京辦事處……國府西街六號
南京分銷處……太平路安樂酒店右首
大剛報……中山東路一三號（中山東路一二一號）
評論部……梅園新村四六號
大中日報社……王府園五二號
大光報社……洪武路三一一號
中央日報社……中山路三九號
南區營業站……朱雀路一一一號
下關營業站……下關火車站側熱河路二七四號
中央日報駐京聯合辦事處……一枝園四六號
前長春中央日線駐京採訪部……徐府巷一號
貴陽中央日報社……小火瓦巷二二號（湖南路永甯路）
中國日報社編輯部……七家灣二六號
經理部……白下路二二四號

城北發行所……崐崙路一六號
中國民報社……漢口路二六號
南京人報社……太平路一三六號
南京日報社……碑亭巷一〇二號
南京晚報社……太平路一三六號
同上……珠江路四四號常府街桐蔭里一號
下關辦事處……下關熱河路一七三號
南京遠東報社……吉兆營吉兆里八號
南京社會日報社……中山路一一三號
……中央商場南部三樓　中山東路一一號
首都晚報社……中山東路（大悲巷五號）
編輯部……馬府街九號
民生日報社……中正路一五七號
民主日報社……中山東路一四九號中山北路一九〇號
民間報……鈔庫街四九號
益世報社……鐵管巷七八號
駐京辦事處……國府路二八一號
南京益世報……國府路二八一號
濟世日報社……珠江路二七〇號
救國日報社編輯部……會公祠二號之二

營業部……太平路四一六號
新中華日報社……張府園二九號及漢中商場內
新蜀報駐京辦事處……黨公巷二八號
新民報（已停刊）……國府路德鄰村一號
新民報總管理處……中山路一〇二號
編輯部……中山東路五〇號
朝報館（已停刊）……中山路六十號
朝報採訪部……糖坊橋六三號
建設日報社……戶部街都安旅社
辦事處……大馬路天保里一九號
華報社……碑亭巷一四五號
商務日報社……廊東街六四號
青年日報（已停刊）……廟後街一〇號
和平日報……漢口路二號
總管理處印刷所……中山東路一〇一號
南京社社長室……中山北路二五號
南京社採訪組……東海路六四號
南區營業處，廣告組，發行組……朱雀路二三號
上海和平日報南京總站……下關永寧街海壽里九號
蘭州和平日報駐京採訪部……太平路七九號

前線日報社……傅佐路一號
前線日報南京分館……中山東路三三〇號
新聞報南京分館……太平路一四〇號
新聞報駐京辦事處……英威街順德邨二號
時事新報南京分館……評事街五六號
中報駐京辦事處……太平路一五四號
東南日報社……常府街城佐營三一號
正言報……太平路四〇七號
上海民國日報南京分館……昇州路三六號（白下路四〇號）
立報駐京採訪部……廊東街德麟村四號
上海聯合日報社南京辦事處……四條巷仁義里一〇號
上海晚報社南京辦事處……三條巷六合里九號
國民午報駐京辦事處……管家橋三號
漢口華中日報社辦事處……慧圓里三九號
武漢日報社……小火瓦巷蘇安新村七號
北平世界日報南京分館……中山北路樂業村一一號
南京日報（市黨部）……碑亭巷九八號
中國時報……中山東路一四九號
國防報……中山路

觀察報……四條巷仁壽里盛園一號
濟世日報……珠江路二七〇號
小時報……四聖堂六號
中國評論日報……壽星橋五八號（娃娃橋一四號）
工商日報……中山東路三七三號（常府街三八三號）
興華日報社……建康路五五二號
金融日報……九江路二三八號
大同日報
大東日報
民主自由報
建國日報
徵信新聞南京版……淮海路金陵里一弄一號
論壇報……吉兆營七二號
大華日報……中華門沙灣三五號
風報……剪子巷三〇號
新生日報
華夏日報
大國民報
新南京報
中國軍人……中山東路三三四號之一

第三章 雜誌社

第一節 年刊、季刊

第二節　月刊

金融月刊……財政部錢幣司
正聲月刊……中山北路東門街口一〇號之一
紅十字月刊……中山路二七五號
警政導報……馬台街二二號
政衛月刊……建業路一七四號
學原……成賢街七六號
原子時代建設……小石壩街興隆巷五號
重光月刊……戶部街二八號
袖珍圖文雜誌……秣陵路二一六號之一
文舟月刊……豐富路二〇八號
工程論評……上海路鋼銀巷五號
國術月刊……華僑路慈悲社二四號
建築材料月刊……青石街一六號餘園三樓
青年月刊……太平路二六一號
人力月刊……顏料坊八三號
綏遠新生……建鄴路一七四號
新世紀月刊……廳後街一〇號
經濟家月刊……林森路一七〇號
大華雜誌……大石壩街六四號

中國雜誌……黃鸝巷五三號
軍醫月刊……西華門四條巷
現代……中山東路二三九號
南京市合作通訊月刊……社會局合作室
西北通訊……大豐富巷三四號
天山月刊……利濟巷三八號
中國學生月刊……太平路三七一號
世界兵學……四條巷后奉里沂廬
中國青年……中山路鄧家菜園一〇號
論壇……
現代郵政月刊……
青年導報……評事街大輝復巷廿一號
中西新聞……馬道街七號
報學雜誌……中山路中央日報社
文藻月刊……
青草月刊……
忠勇月刊……中山東路三三四號之一
世界政治……山西路七八號
應用文學月刊……安品街大常巷四號
新朝月刊……金銀街北平里七號

自由文化月刊……中山北路二五號
無線電世界月刊……國府路東梅園新村四〇號
現代文綜月刊……鼓樓三條巷聚槐村一〇號
民聯月刊……梅園新村三二號
新中國月報……太平路四三五號
風雲月刊……無狀元巷九號
農村新聞月刊……藍家莊二二號
婦女月刊……珠江路五九四號
常識月刊……西華門三條巷六全里六號
現代鐵路月刊……珠江路小沙帽巷八號
童軍導報月刊……估衣廊四四號
警察畫報月刊……太平路太平巷五九號
幸福生活月刊……江蘇路八號

第三節 半月刊

東方半月刊……碑亭巷一枝園二八號
東南文化……珠江路四三〇號
兒童之友……議府街梅園新村四五號
民心雜誌……西華巷一號
兒童半月刊……鐵管巷七七號
首都評論……漢中路漢中商場內
公務員半月刊……藍家莊藍園一號
聰明人半月刊……鐵管巷七七號
青年愛國……柳葉街三七號
自由天地……昇州路秤它巷十四號
暖流……珠江路四二七號
今日文摘……國府路二〇一號
蘭青半月刊……英威街厚德里八號
農情通訊簡報……藍家莊二二號
上下古今……珠江路三二五號
天人……警察總署
進步半月刊……中山東路一四九號
中國棉花……孝陵衛
學識……珠江路四三〇號
現實……小彩霞街一二號
中國口琴界……中華路軍師巷二六號
冲稚半月刊……鼓樓頭條巷三號
三民主義半月刊……中山路司法院對面巷內
大衆新聞半月刊……

第四節 旬刊

新藝旬刊……大豐富巷清真巷三二號

實球文摘旬刊……國府路二六一號
軍事畫報……三牌樓牌華園新三八號
京華旬刊……邊營七二號
北極閣旬刊……中正路一三九號
政治嚮導……玄武門大樹根一號
觀察家……吉兆營七二號
政治家……同　上
新婦女……同　上
營造業同業公會營造旬刊……中山東路二九號
新國民畫報……太平路二九八號

第五節　週刊

中央週刊……相府營一二號
南京週刊……
中國新聞……碑亭巷三八號
燈塔周刊……保泰街二五號
中國評論……上海路四〇號
大學評論……
世紀評論……中山東路三條巷九號
靈光週刊……八寶前街二八號
文藝週刊……上海路七號
展望雜誌……東海路十二號樓上
市民週刊……南京市地方自治協會
主流……中央政治學校（今政大）
（林森路田吉營六號）
大風周刊……東海路六二號
生活畫報……朱雀路首都商場
益世週刊……石鼓路一〇〇號
大衆週報……建康路二七三號
前進週報……廳後街一二號
遊藝週刊……興中商場九三號
南京美光週刊……西華門四條巷一二九號
發强週刊……明瓦廊六七號
士兵週報……丹鳳街石婆婆巷三九號
工商新聞……新街口忠林坊
晨光周報……二條巷新興里三號
民衆導報……四條巷南園四號
學生新聲……建鄴路一七四號
萬象週刊……太平路
重慶民間週報南京版……貢院街五三號
民聲週刊……湖南路五二〇號（寧海路華新巷五九號）

小時報週刊……中華路四經堂六號
新人週刊……
雄風週刊……中山北路二五號
影劇週刊……中山路三九號
民意報週刊……外州路糯米巷二七號
首都新聞週刊……鐵管巷七八號
中興週報……四條巷四梅里六號
民力週報……太平路太平巷一四號
春風週刊……中山路一六八號
革新週刊……西華門三條巷六合里三號
大華周報……白下路牙巷六號（秣陵路正大里五號）
大地周報……曾公祠二號（太平路四一六號）
中華工程周報……國府路一八九號
政治新聞周刊……黃泥崗四八號
商言周刊……貢院街五三號
廣播周報……丁家橋中央黨部
新聞雜誌……中山東路
愛國周刊……成賢街文長村九號
社會新聞……中山東路忠林橋四一號

第六節　其他

莫愁三日刊……太平橋南六號
新政治家……林森路一七九號
詩星火……金陵大學孫望轉
湘聲……
國際文化……成賢街晒布廠六號

第四章　通訊社

中央通訊社……中山東路七二號
發報台……上海路一三三號
發報台……淮海路韜園八號
職員宿舍……文昌巷文華里
國光通訊社……中華路九七號
揚子通訊社……紅花地三八號
遠東新聞社……娃娃橋一四號
經濟新聞社南京分社……陶谷新村八號
新新新聞社……八星前街五〇號
民主通訊社……秣陵路秣陵村二號
大同新聞社……大彩霞街五一號
民生新聞社……大石橋六十一號
眞理新聞社……太平路北首巷二號

東方新聞社……漢中路特三二號
神州電訊社南京辦事處……紅廟六號之二
民本通訊社……西華門四條巷仁壽里四〇號之三
中國農工通訊社……中山東路二四三號
世界新聞社南京總社……豐富路一九四號
時代新聞社……長樂路小西湖朱雀里八號
中國新聞攝影通訊社……中山東路四一四號
民力通訊社……新街口中山路三號之三
民衆通訊社……南京門東陶家巷六號
新中國新聞社……中華路四〇二號
中國工商通訊社……國府路一八九號
商務通訊社……西華門四條巷
中國新聞社(胡秋原)……秣陵路文佩里一號
大華通訊社……桃源新村六〇號
改造通訊社……石婆婆巷三〇號之四
中國工業通訊社……太平路二六五號
軍事新聞通訊社……國府路七號
國風新聞社……
南僑通訊社南京分社……丹鳳街石婆婆巷一九號
警光通訊社南京分社……下關永寧街一四號

時代通訊社……內橋灣七二號
邊聲通訊社……韓家巷一八號
光原通訊社……瞻園路大篙家巷一一號
南京匡廬通訊社……五台山四〇號
民意通訊社……四條巷南園
社會工作通訊社……宗老爺巷社會部內
政治通訊社……中山東路一四九號
公理新聞社……西方庭濟生里一六號
中華通訊社……三茅宮南台巷一三號
建國聯合通訊社……長樂路三四四號
公論通訊社……琵琶巷四〇號
眞言新聞社……永安商場二樓
建中新聞社……長生祠七號
中華新聞社……碑亭巷一九九路(鐵管巷一六)
社會通訊社……建康路二七三號
合作通訊社……文昌巷文華里八號
大陸通訊社……大豐富巷二二號
大聲新聞通訊社……西華門四條巷一二九號
縱橫通訊社……大板巷九七路
勵進通訊社……常府街一三號

中國通訊社總社……文昌巷八號
時聞通訊社……市府路二二號
聯衆通訊社……馬路街棉鞋營一五號
桂光通訊社……淮海路九八號
社會新聞通訊社……鈔庫街五三號
華僑通訊社
新國家新聞通訊社
白鴿新聞社
正氣新聞社
大地政治新聞資料供應社……一〇一三〇郵箱

第五章 出版社·印刷廠

中國文化服務社南京分社……中山東路一七〇號
南京分社承印部……珠江路一五〇號
國際文化服務社南京分社……建鄴路一三八號
青年軍出版社辦公處……吉兆營七二號
世界兵學社……四條巷仁壽里盛園
獨立出版社……中山東路三一一號
總管理處……中家巷二一號
印刷廠……中山東路三條巷英威街

編審部……金銀街一六號
國防部新聞局青年軍出版社……白下路二七九號
經濟出版社……西華門二條巷
中國文化事業股份有限公司……太平路二八九號
中央青年出版社……中正路廳後街一二號
文華出版社……中山東路二二號
白雲出版社……碑亭巷五〇號
華豐印刷鑄字所有限公司……洪武路二三五號
奇異印刷工廠……長樂路九七、九八號
中國出版公司……太平路三七七號
新民印刷館……戶部街六八號
人文印書館……新街口糖坊橋六三號
大東新興印書館……建鄴路一三八號
國新印書館……中山東路二三二號之一
南京印書館……珠江路六八二號
漢文正楷印書館
承印部……太平路一五〇號
印刷廠……朱雀路三八號
鑄字廠……同　上
惠民紙張印刷所……中華路一四五號

現代印刷公司……………………………八條巷一三號
文匯印書館…………………中山東路七五八號
新中國出版社……………………………
總社………白下路二七九號及中山東路一四九號
中央印務局總管理處…………西華門三條巷五四號
門市部…………………中山東路三九二號
總廠………………佑衣廊　一七號
工廠………………………中山東路三條巷
建國印刷廠（中統局印刷廠）………中華路瞻園路
美豐祥印刷廠………………………國府路
良華印刷廠……………………四牌樓成賢街
榮華印刷廠……………………中華路考棚
瑞畫印制廠……………………中華路黑簪巷
美士印刷廠…………………四牌樓八一號
卜禮記印刷廠……………長樂路張都堂巷
鴻業印刷公司……………中山東路二三四號
威廉印書館……………………………

第六章　書　店

南京印書館…………………………珠江路六八二號
上海書店…………………………太平路二六一號
國華印書館………………………中山東路二三二號
大新書局……………………………珠江路一一八號
三民主義青年團中央團部拔提書局…………
……………………………………太平路三七一號
正中書局南京分店…………………太平路二〇六號
總管理處…………………………中央路童家巷一九號
中華書局股份有限公司南京分局……太平路二一二號
商務印書館南京分館………………太平路二五二號
兵學書店……………………………太平路四二二號
開明書店……………………………太平路一〇三號
世界書局……………………………太平路二五三號
南京新國民書局……………………珠江路一三號
南京光華書局………………………太平路二一八號
南京南洋書局………………………珠江路中山路口
大錠書局…………………………中山東路一〇四之一
中國書局……………………………太平路二三五號
友聯書局……………………………朱雀路六二號
聚珍書局（三民圖書公司南京特約所）…………
……………………………………狀元境三一號

中外書局……太平路八一之一
上海照明書局南京分局……朱雀路一〇九號
北新書局南京辦事處……羊皮巷八號
上海美利時南京分行……夫子廟狀元境天來飯店及珠江路二一九號蓮花橋塊
武學書店……大行宮
兒童書局……夫子廟文德橋
兒童圖書社……蓮子營
上海雜誌公司……太平路
龍門聯合書局……太平路二六七號
大中華書局分局……狀元境一四號
正風圖書無限公司……東海路一二號
拔提書店……太平路南端三七三號
中國科學公司南京分店……太平路二六七號
大中國圖書局……戶部街八二號
旦華書局……太平路三七號
帕米爾書店（任卓宣辦）……中山路漢口路口
大東書局……太平路二一六號
建國書店與南京分店……太平路七七號
廣益書局（中聯印刷公司南京特約所）……太平路二三九號
新亞書店南京分店……太平路一五〇號
國防書局……碑亭巷五〇號
軍用圖書社股份有限公司……中山東路二三二號

附：

科學儀器管南京辦事處……林森路一九二號

第七章 學術團體

中華全國美術會……
中華全國音樂協會……
中華全國體育協進會……劍閣路內
中華體育學會……
中國地質學會……
中國古生物學會……
中國地理學會……
中國心理學會……
中國化學會……
中國氣象學會……
中國教育學會……
中國藥學會……
中國哲學團體聯誼會……

中國測量工程學會……
中國工程學會……
中國邊政學會……
中國邊疆學會……
中國四維學會……
中華護士學會……雙龍巷一一之三
中國考政學會……同仁街七〇號
中國物理學會……
中國天文學會……
中華自然科學社……
中國社會學社……
中國人文科學社……
中國科學社……

第八章 文化機關

教育部國立編譯館……天山路一二七號
教育部國立小學教科書聯合供應組……太平路世界書局
教育部中央氣象局天氣科……北極閣
教育部中央氣象局……北極閣半山
中央研究院……雞鳴寺路一號
地質研究所……雞鳴寺路一號
心理研究所……雞鳴寺路一號
社會研究所……雞鳴寺路一號
史語研究所……雞鳴寺路一號
數理研究所……九華山一號
氣象研究所……北極閣
植物研究所……成賢街六八號
天文研究所……紫金山
總辦事處……雞鳴寺考試院路
中央農業試驗所……孝陵衛
八卦洲農場……
中國學典館……
南京辦事處……倉巷街七八號
印刷廠……中華街一四五號
邊疆文物館……成賢街成賢里(雙井巷一五號)
農林部中央林業實驗所……太平門外農林部內
中央棉業改進所……孝陵衛中農所旁
中央烟草改進所……孝陵衛中農所旁
中央畜業改進所……孝陵衛中農所旁

特效藥研究所……五台山漢中路牌樓巷百步坡

麻醉藥品經理處……黃埔路衛生部內

農林部中央畜牧研究所……中華門外小行鎮（有第一製藥廠）

國史館……八寶前街體育里一〇號

中華教育製片廠……

中國地理研究所……

國立禮樂館……珠江路太平橋南八號

第九章 民教館 博物院 圖書館

第一節 民教館

民教館

市立第一民教館……夫子廟

市立第二民教館……西郊上新河

市立第三民教館……下關

第二節 博物館

市立博物館……成賢街

中央博物院……中山門內、半山園

北平故宮博物院南京案存庫……水西門橋星廟（朝天宮）

第三節 圖書館

國立國學圖書館……龍蟠里四七號

國立中央圖書館……成賢街四八號

分館……山西路頤和路二——一號

仙舟圖書館……

中正圖書館……建康路二七三號市黨部廣場內

第四節 其它

中央體育場……孝陵衛

市立體育場……半邊路

業餘游泳池……新街口漢中街

首都健身館……中山東路三五七號

第七編　社會團體與特種行業

第七編 社會團體與特種行業

第一章 政治性團體

第一節 勵志社

總社……………………………………中山東路
美軍聯絡處……………………………珠江路
南京第二招待所………………………首都飯店
南京第三招待所………………………莫干路七號
南京第三招待所………………………中山北路三步兩橋五號
南京第三招待所………………………珞珈路四號
南京第三招待所………………………陰陽營四號
南京第三招待所………………………赤壁路一四號
南京第三招待所………………………江蘇路二一號
南京第三招待所………………………牯嶺路八號
南京第三招待所………………………中山北路三步兩橋五號
南京第三招待所………………………頤和路六號
南京第三招待所外賓官舍……………赤壁路三號
南京第三招待所外賓官舍……………珈珞路十六號
南京第三招待所外賓官舍……………普陀路七號
南京第三招待所外賓官舍……………北平路五六號
南京第四招待所………………………青島新村四〇號
南京第四招待所………………………青島新村西〇號
南京第五招待所………………………頤和路一五號
南京第六招待所………………………頤和路二號
南京第六招待所………………………北平路六四號
南京第六招待所………………………西康路一八號
南京第六招待所………………………甯海路五號
南京第六招待所美軍顧問團官舍……康西路一五號
南京第七招待所………………………中山東路
南京第八招待所………………………中山北路
南京第九招待所………………………勵志社
南京第十一招待所……………………下關
南京第十二招待所……………………北極山郵一號

下關冰藏廠……下關老江口市場
中國童子軍總會……碑亭巷泰山坊四號
上海路五台山一號
全國戡亂將士總會
新生活運動促進會……黃埔路勵志社市府路二三號
勤儉建國運動促進會
民主協會
中國憲政協進會
中國民主自由社會主義學會全國委員會
中國國際人權保障會
聯合國中國同志會
華僑協會……中山北路二一一號華僑招待所
中國建設協會……大悲巷大高里一五號
中國社會建設協會
南京分會
中國社會事業協進會南京市分會……
……國府路鄧府巷四六號
中國戰後建設協會南京市分會……木料市二一號
中國地方建設協會……一區大黨家巷二一號
南京市地方建設協會……平江府南街二號

建國協會……湖南路五六號
中國農村復興委員會……中山北路新華大樓
農村建設協會
中國土地改革協會
南京分會
三一聯誼……珠江路三九三號
南京分社……成賢街錫山里八號
仁社總社……牯嶺路一八號
博愛社（係前一綏區總一指揮部秘書長徐慶譽所辦）
中國社會福利互助社總社……太平路太平里四號
青復服務社
南京市民生主義促進會……建康路二七三號
南京市人民自救會……漢中路特三二號
南京市江蘇中學救鄉協進會……

第二節　工業團體

全國工業總會……
中國全國工業協會……許府巷四號之一
中國捲烟工業協會……梵皇渡路二三號
中華民國水泥工業同業會……鼓樓頭條巷四號
中華民國印刷工業同業公會聯合會……

……林森路估衣廊四一號
南京印刷業同業公會……
南京市銅作工業同業公會……中正路二九三號
南京市營造工業同業公會……上乘庵二〇號之一
南京市工業會……同　上
機器製冰業工業同業公會……
……東牌樓一六七號南極冰棒廠內
紗織事業協導會……

第三節　商業團體：

全國商會聯合會……
全國銀行業公會聯合會……
全國信用合作社聯誼會……
中華民國銀錢商業同業公會聯合會……
中華民國轉運商業同業公會全國聯合會……
……下關熱河路文德里四號
滬、浙、閩、粵、魯、京、黔、遼漁業聯合會
雜誌業同業公會籌備處……
……會設碑亭巷三八號(中國新聞半月刊社內)
南京市商會……白下路一六九號
南京市銀行商業同行公會……中正路二號
南京市汽車商業同業公會……貢院東街六〇號
南京市捲烟業公會……邀貴井七號

第四節　工會

全國總工會……
全國郵務工會……
聯合會……湖北路二三七號
全國郵務總工會儲匯工會……
中華民國電信工會南京電信工會……黨公巷二〇號
中華民國鐵路工會全國聯合會……碑亭巷如意里五號
津浦區鐵路工會……浦口津浦路二號
浦口分會北岸駁運部……下關寶善街八〇號
京滬區鐵路工會……白下路二一九號
全國公路工會聯合會……高門樓公路局
中華民國鹽業工會全國聯合會……
南京市總工會……中華路一七四號
南京市水汗西門運輸業職業工會……石鼓路三一三號
南京市東南城運輸業職業工會……
南京糧食稍袋運輸業工會……
南京市民船運輸業工會……中山北路四六六號之一
附：南京工人福利社……下關中山橋北首

第五節　婦女團體

中國婦女團體聯誼會………………

中國婦女憲政研究會……鼓樓五條巷挹華里一五號

中國婦女政治研究會……安品街二〇號

中國婦女政治協會……甯海路二一號

中國婦女民主促進會……梅園新邨一二號

中國婦女民主建設協會……馬家街懿德里五號

中國婦女生產協進社……洪武路二七一號

中國婦女生產事業促進會……東門街一七號

中國婦女福利社……大方巷五一號之三

中國婦女福利互助社……丹鳳街二八號

中國婦女生活社……碑亭巷嘉慈里四號

中國職業婦女互助會……牯嶺路一八號

中國職業婦女協會……馬台街一〇號

中國家庭婦女母教研究會……中山東路三〇五號

中國婦女家政研究會……靈隱路二四號

中國婦女心理建設協會……成賢街文德里一一號之三七

中國婦女建國協會……吉兆路七二號

中國女青年社……細　巷慈安里

中國婦女服務社……牯嶺路一六號

中國婦女會………………

中國婦女問題研究會……東門街一六號

中華婦女文化教育協進會……天目路

中華婦女經濟協進社……馬台街一〇號

中華婦女生活改進會……碑亭巷如意里一〇號

中華婦女福利社……一枝園八號

婦女福利協會……中山東路五號

婦女民政會………………

國際婦女法學會中國分會………………

全國大學婦女會南京分會………………

婦女文化社……鼓樓五條巷挹華里一七號

女權運動同盟會……頤和路一四號之一

首都婦女信用合作社………………

南京婦嬰保健委員會………………

婦女共鳴社……山西路口

江蘇婦運督導委員會……鼓樓挹華里一五號

第六節　慈善團體

中國紅十字會總會……中山路二七五號

南京分會……朱雀路一一九號

（診療所在太平路四二號）

世界卍字會南京分會……小火瓦巷二四號

南京市立救濟院……剪子巷二〇號

南京市社會局養老院……中華門外

南京孤兒院

南京市慈愛育嬰院……太平門外環湖村

首都實驗救濟院……孝陵衞

第一兒童福利站……太平路[illegible]橋

第二兒童福利站……中華門內長樂路

第三兒童福利站（各實驗兒童福利站）……白下路

聖心孤兒院……莫愁路七八號

歸國僑兒教養院……南京下關鹽公會

希伯倫慈幼院

戰時兒童保育會……光華門外大光新村一六號

附錄：

聯合國勸募兒童救濟金中國委員會南京分會

社會部南京兒童福利實驗所

第七節 宗教團體

天主教

中國天主教文化協進會總會……石鼓路一〇〇號

中國天主教福利委員會聖保祿會……下關大馬路天保里三四號

天主教女青年會……太平路太平巷二之一

（該教在京并有益世報、益世周刊、文藻月刊及廣播電台等。）

基督教

中華基督教總會……保泰街七四號

南京基督教協進會

黃泥崗基督教會

遠東宣教會

南京基督教青年會……保泰街

女青年會……中山路一八七號

臨安息日會皖甯區善會……高門樓二〇號

蘇皖區鄉村服務協會……金陵大學內

漢中堂……莫愁路

第八節 其他

佛教

中國佛教會

南京佛教會

法幢學會……普照寺

菩提學會
佛學研究會……………………………………集慶路

（三）回教

中國回教協會
（該教有吉兆營之淸眞寺，漢中門禮拜寺，登隆巷禮拜寺，三山街之靜覺寺，白下路禮拜寺等寺院。）

崇華善堂………………………………三茅宮九九號
中華道德慈善會………建鄴路一八七——一八九號
中華理教總會

第九節　各地旅京同鄉會

湖南旅京同鄉會………………………………二郎廟八號
湖北旅京同鄉會（籌備處）………城南細柳巷五三號
山東旅京同鄉會……………………昇州路一六四號
山西旅京同鄉會…………顏料坊九〇號山西會館內
西康旅京同鄉會
廣西旅京同鄉會……………………………兩廣賓館
四川旅京同鄉會
福建旅京同鄉會……昇州路四〇六號福建會館內
陝西旅京同鄉會
江西旅京同鄉會……………………評事街江西會館內
江西下載旅京同鄉會
浙江旅京同鄉會………………………城仕營三山里一七號
甯波旅京同鄉會……………………招待所東文昌巷桃源村
諸暨旅京同鄉會………………………………中華路
浙江嵊縣旅京同鄉會
東北旅京同鄉會…………………太平路太平巷一三號
蘇州旅京同鄉會…………………………寧海路二六號
興化旅京同鄉會………………中正路廳後街二六號
淮安旅京同鄉會（籌備處）
江陰旅京同鄉會……………………大石壩街白塔巷一號
高淳旅京同鄉會………………………洪武路二六九號
湖社南京事務所（名爲同鄉會性質，背景爲陳立夫。）

附：會館

湖北會館…………………………………城南細柳巷五三號
甘肅會館…………………………水西門西橋大街一四二號及大輝後巷二一號
兩廣賓館………………………………………………朱雀路激貴井

第十節　校友會　同學會

國立政治大學同學會
國立中山大學南京同學會
國立廣西大學同學會……青年部常德普轉
國立西南聯大同學會
國立藝專旅京同學會
廣東國民大學同學會
朝陽大學同學會
中國留美同學會……太平路太平巷一四號
中國留日同學會南京分會
國立中央大學校友會……四牌樓
國立中大附中南京校友會
國立重慶大學校友會南京分會
英士大學南京校友會
南開大學校友會南京分會

第十一節 自由職業者團體

記者

全國記者公會聯合會
全國報業公會聯合會
新聞記者公會……中山東路七二號
新聞記者招待所……平倉巷一號

律師、會計

全國律師聯合會
首都律師公會
南京會計師公會……膺福街二號

醫師

全國醫師公會聯合會
南京市醫師公會……沈舉人巷六四號
南京護士公會……中山東路國立中央護士學校內
南京藥劑師公會……太平路一四四號
南京藥劑生公會
南京中醫師公會……璇子巷八八號
中華醫學會
中國護士學會……雙龍巷一一號之三

第十二節 技師公會

工程師學會……楊將軍巷南京電訊局
專門工程學會……楊將軍巷南京電訊局
建築師學會
建築技師公會……中正路一三二號

第二章 特種行業及其他

第一節 戲院

大華大戲院……中正路六六號
新都大戲院……中山路
國民大戲院……楊公井一六號
首都大戲院……貢院東街二八號
世界大戲院……中山路
大光明大戲院……夫子廟平江府街一一號
中央大舞台……淮海路一五號
共樂戲場……漢中路二三六號之二
文化劇院（張道藩辦）……國府路香鋪營
新亞電影院……朱雀路
飛龍國劇社……夫子廟貢院西街
羣樂戲茶廳……同　上
秦淮戲院……夫子廟文德橋畔
明星大戲院……下關
新亞劇院……朱雀路劉公祠
介壽堂……洪武路
南京大戲院……
中國戲劇學會……
中國實驗劇院……夫子廟大都會
空軍新生社影院（偽國防部辦）……珠江路小營

第二節 旅館

安家酒店……太平路
安樂酒店黨政軍人招待所……太平路
南洋旅館……朱雀路二四號
泰來旅館……白下路
春台旅館……貢院東街五號
珠江飯店……珠江路三〇〇號
揚子飯店……善實街二號
中央飯店……中山東路
首都飯店……中山北路
大上海飯店……慧園街六號
吳宮飯店……慧園街四號
江安旅館……下關南埠街二四
東來旅館……狀元境
大華旅館……下關永甯街七八號

興安旅館……興安路
成義旅館……成賢街四九號
金門旅社……建康路舊王府口七號
國際飯店……下關車站大廈
大新旅館……下關熱河路
大安旅館……太平商場隔壁

第三節 餐廳

太平洋中西餐廳……貢院街二一號
小巴黎餐廳……貢院街二九號
六華春酒菜館……貢院東街一七號
萬全酒菜館……貢院街九號
萬利酒家……貢院東街四四號
大陸西餐廳……中山路一一九號
龍門酒家……中山路四一號
老萬全馮記酒家……中華路一一九號
別有天酒菜館……新姚家巷二〇號
老寶新酒菜館……桃葉渡六號
大羅天菜社……明瓦廊一〇五號
中央餐室……中正路中央商場二樓
孔雀餐廳……中央飯店內中山東路三〇三號
蒲湖菜社……中山東路三三二號
桃園飯店……國府路青石街口

第四節 醫院

中央醫院……黃浦路
中央醫院醫師宿舍……吉兆營吉兆里五號
鼓樓醫院……鼓樓南
醫院宿舍……珞珈路一〇號
鼓樓外科醫院……唱經樓周必由巷四號
南京市立醫院……下江老棚
南京市立城南醫院……中華門外雨花路
南京市傳染病醫院……下關商埠街
南京市立產科醫院……下關二板橋
金陵醫院……許家巷
省三醫院……碑亭巷二四七號
聖心醫院……陰陽營六二號
李士偉婦產科醫院……武夷路四號
飽正療養院……銅銀巷四號
中青牙科醫院……遊府西街四五號
紅十字醫院……天行宮
陸軍醫院……湯山

後方第二醫院……孝陵衛
後方第六醫院……孝陵衛
第二〇五醫院……白下路鐘山中學
南京雨花台醫院……首都結核病防治院
南京鐵路醫院……中華路七一二考棚
廣東醫院……中華路
協和診所……顏料坊二九號
中央商社南部二樓
十四後方醫院……浦鎮

鼓樓聯合診病所……鼓樓
恩友診療所……中華路裱畫廊一二號
濟生療養所……大火瓦巷
市立戒烟醫院……中華路望鶴崗
鼓樓醫學化驗所……鼓樓
社會部南京傷殘重建院……光華門外中和橋二〇號
衛生部南京精神病防治院……（中央醫院內）
南京肺病療養所……上海路鐵銀巷七號
重慶醫院……淮海路韜回五號

第八編　外僑

第八編　外僑

第一章　各國使領館

英大使館祕書處……揚州路二一號
英大使館檔案室……雙樓門一三號
英大使館武官處……珞珈路一三號
英大使館空軍武官處……大方巷一二號之二
英大使館空軍武官處……大方巷一二號之一
英大使館官員宿舍……天目路一〇號
英國大使館I. H. Iamp住宅……傅厚崗九號
英國大使館Colanl A. G. Clork住宅……
……寧波路鼓樓新村九號
英國大使館海軍武官戴林普住宅……傅厚崗六號
英國大使館空軍武官處住宅……頤和路一一號

四　荷蘭大使館

荷蘭大使館……雲南路二七七號
荷蘭大使館……傅佐路三一號
荷蘭大使館……南祖師庵九號
荷蘭大使官邸……南祖師庵九號
荷蘭大使館大使住宅……合羣新村一二號
荷蘭大使館大使住宅……東瓜市二號
荷蘭大使館住宅……雙龍門一〇之一
荷蘭大使館武官住宅……牯嶺路二〇號

五　加拿大大使館

加拿大大使館……天竺路三號
加拿大大使館宿舍……西康路二一號
武官卡里、佛科邸……徐家巷一四號

六、澳國大使館

澳國大使館……北平路三四號
澳國大使館……挹江門內歸雲堂
澳國公使館公使住宅……挹江門內歸雲堂
澳國公使館職員宿舍……北平路六八號

七、蘇聯、捷克、波蘭

蘇聯大使館……上海路三號
蘇聯大使館……大方巷二〇號
蘇聯大使館……百子亭六號
蘇聯大使館……赤壁路一五號
蘇聯大使館……赤壁路九號
蘇聯大使館武官署……鼓樓頭條巷七號
蘇聯大使館武官署……中山北路二四四號
蘇聯大使館塔斯社……中山北路六〇四號
蘇聯駐華商務代表處……赤壁路一一號
蘇聯駐華商務代表處……赤壁路一二號對面

蘇聯大使館蘇聯物資供給所……中央路厚載巷六四號
蘇聯駐華大使館官舍……四條巷二二號
蘇聯駐華大使館郭列夫住宅……傅厚崗七號
蘇聯駐華大使館參事官邸……薩家灣九號
蘇聯大使館參事住宅……薩家灣九號
蘇聯對外文化協會駐華代表會……中山北路二四三號之五
捷克大使館……甯夏路一號
捷克大使館陸空軍武官處……莫干路一一號
波蘭大使館……湖北路翠瑯村五號
波蘭大使住宅……靈隱路二六號
波蘭大使館職員宿舍……翠瑯村四號

八、其他

韓國臨時政府駐華代表團……太平路三二九號
比國大使館……湖南路一五號
意大利大使館……武夷路九號
意大別大使官舍……珞珈路九號
墨西哥大使館……黃鸝巷四一號
瑞士公使館……甯海路一五號
瑞士公使館……珞珈路二〇號
巴西大使館……天竺路一五號
土耳其大使館……中山北路四四八號
印度駐華專員公署……北平路四二號
埃及公使館……西康路四一號
阿富汗公使館……芦席營四號

第二章 美軍顧問團及駐華美軍

美國駐華軍事顧問團……珠江路
宿舍……中山北路三牌樓（抗戰前之首都飯店）
官舍建築工場……西康路北平路口
聯絡處……珠江路
駐華美軍（南京）司令部……珠江路
美軍剩餘物資辦公處……福建路
美軍雜氏基金社……赤壁路一六號

第三章 善後救濟總署

聯合國善後救濟總署駐華辦事處……新街口福昌大樓
聯合國善後救濟總署……國府路五〇號

善後救濟總署……白下路萬壽宮
同上……新華大樓
衛生工程大隊……北平路五〇號
蘇甯分署南京辦事處……西康路一七號
同上……鼓樓五條巷十四號
蘇甯分署南京倉庫……白下路二一七號
善後救濟總署……北平路五一號
同上……大方巷一號

第四章 外商公司・洋行・銀行

美商衛利韓公司……普陀路一號
頤中烟草公司……南祖師庵四號
德士古洋行……新華大樓
德士古油公司 Mr. T. M. Hanson……珞珈路二五號
德士古洋行倉庫……漢中門外鳳凰街
亞細亞火油有限公司……中山東路六四號
南京亞細亞火油有限公司……南祖師巷九號
美孚行……寶善街四五號
和記洋行……下關保塔街
匯豐銀行分行……山西路人和街六號

第五章 外國報館

美國時代周刊生活雜誌駐華特派員葛和平辦公處……三牌樓十字街三號
紐約國際新聞報社南京分社……平倉巷一號

第六章 外國通訊社

路透社南京辦事處……平倉巷一號
美國合衆通訊社……傅厚崗五號之三
美國聯合通訊社……平倉巷一號
美國新聞處……中山路三五八號（原在國府路二號）
法國通訊社……中央飯店二一五號
法國新聞社……鼓樓平倉巷一號之二
法國新聞處……百子亭五二號

附錄：

聯合國中國同志會……正洪街正洪里二九號
中英文化協會……北平路六九號
英國文化委員會……北平路三六號
中英文教基金董事會……山西路七八號
中英科學合作館……山西路七八號
中緬文化協會……莫愁路八一號
中法比瑞文化協會……北平路四八一號
中美技術合作團……成賢街南園一一號

附錄：重要人物住址

附錄：重要人物住址

說　明

本編係國民黨反動政府黨、政、軍各界首要人員在南京之住址，爲檢查便利起見，按其「姓」的筆畫多少依次排列而成，惟材料較舊故僅供做參考。

二　畫

姓　名	職　　務	住　　址
丁惟汾	國民黨中央委員	中山路一四九號
丁德隆	國民黨中央委員	國府路肚帶營二〇號
丁××	曾任交通部公路總局會計處長	五福巷五福新邨甲一號
丁祉祥	國大代表	網巾市九號
刁作謙	曾任外交部司長	厚載巷五號
卜××	曾任外交部西亞司司長	前日本大使館內

三　畫

姓　名	職　　務	住　　址
于右任	國民黨中央委員	寧夏路二號
于學忠	國民黨中央委員	白下路八府塘一號
于望德	國民黨中央委員	中山北路一三三號
于××	聯勤運輸署航運司司長	紅廟　九號
于振瀛	立委	廣州路公教三村巳五號
于永滋	國民黨中央委員	廣州路公教三村午字二號

四　畫

姓　名	職　　務	住　　址
王雲五	曾任財政部長	鼓樓頭條巷六號
王世杰	中央執行委員，曾任外交部長	中央路二四號、一八九號及百子亭二三號
王　鎮	國防部第三廳副廳長	西華門頭條巷三七號
王××	國防部第二廳第一司副司長	中央路二八〇號之一
王××	國防部陸軍學校籌建留美學員考選委員會主任	莫愁路一一一號
王景錄	前軍政部參議	珠江路文德里一號之二
王××	前軍訓部次長	南陰營三號

姓名	職務	住址
王發武	曾任交通部祕書	花家橋五號
王培仁	立委	府西街小學
王懋功	曾任江蘇省主席	漢口路平倉巷一之二號邊門
王子强	國民黨委員	傅厚崗厚載巷九〇號
王覺南	曾任某處處長	鄧府巷一七號
王星帆	曾任中央監察委員會專門委員	四牌樓八號
王××	曾任糧食部督導處長	北平路五〇號
王××	曾任內政部禁煙委員會委員	慧園路一七號
王××	曾任中央訓練團組長	三條巷仁義里一八號
王××	某部總司令	莫愁路南台巷一四號
王××	暫編第十七軍參謀長	珠江路一八九號
王××	第十二軍副軍長	三條巷五七號
王××	第九十七軍軍長	頤和路一八號
王平	四十七軍監察組上校組長	山西路東門街一五號之八
王××	前第卅二集團軍總司令	陶谷新村二一號
王××	前第十七集團軍總司令	天妃巷天妃里一號
王叔銘	空軍副總司令	傅厚崗青雲巷一七號
王××	警備司令部城區指揮部祕書	昇州路一二八號
王××	陸軍總部高參	太平路一七號
王和華	前軍訓部砲兵監	萱菜橋五四號

王仲武	曾任交通部統計處統計長	牯嶺路十一號
王××	曾任交通部鐵路總機廠廠長	湖北路將軍廟八號
王輔宜	曾任交通部參事	中華路十號
王××	曾任交通部參事廳參事	薩家灣宏業村三十七號
王××	曾任經濟部會計長	北秀新村一號
王冠吾	監察委員	廣州路公教三村午字三號
王幾滄	立信高級會計職業學校及外交部主任醫師	中山路二一三號
王啓江	國民黨中央委員	大樹根二六二號
王俊	國民黨中央委員	漢口路陰陽營三號
王子壯(已死)	國民黨中央委員	大樹根二六四號
王寵惠	國民黨中央委員	北平路五四號
王秉鈞	監察委員	傅厚崗三九號
王德溥	監察委員	陶谷新村四號
毛××	前機械修造廠主任委員	黃泥崗四三號
毛××	監察委員	二條巷焦園二號
方××	曾任衞生署某處長	天印庵七號
方天	國防部第五廳廳長	湖南路三四號（一三六號）
方覺慧	國民黨中央委員	中正路平安里四號
方治	國民黨中央委員	中山東路樂業村六號
方青儒	國民黨中央委員	中正東路中國文化服務社

姓名	職務	住址
仇鰲	曾任參政員立法委員	大石橋甯興里一號
尹××	曾任外交部人事處處長	湖南號五九四號
尹述賢	曾任參政員	慧園里四號
孔祥熙	國民黨中央委員	傅厚崗六九號
孔××	曾任江陰要塞司令	四條巷仁壽里盛園
文藻	前國防最高委員會參事	鋼銀巷一號
文朝籍	聯勤總部廣東供應局局長	馬路街復成新村

五畫

姓名	職務
甘乃光	曾任外交部次長
甘家馨	
白崇禧	「華中剿總」司令
白雲梯	國民黨中央委員
田峴山	國民黨中央委員
田××	東北保安司令長官部副軍長
左舜生	曾任農林部長（青年黨）

住址

靈隱路二四號（或三四號）
東門街二七號
大悲巷雍園一號
成賢街藍園九號
大悲巷四號之一
文白巷勇園一號
高樓門七號
瑯琊路十八號
小火瓦巷二二號
大石橋農林部

姓名	職務	住址
左紀彰	民航局付局長	蘇州路三號
石凌漢	司法行政部會計長	廣州路公敎三村赤字六號
史贊銘	審計部審計	四條巷良友里三〇號
史××	曾任考試院秘書長	試院路
史××	曾任交通部秘書廳參事	金川門九號
包××	曾任內政部戶政司司長	太平路四三九號

六畫

姓名	職務	住址
朱家驊	國民黨中央委員	大樹根九二號
朱紹良	國民黨中央委員	赤壁路一七號
朱××	曾任財政部關務署付署長	隨倉橋二四號
任卓宣（葉青）	國民黨中央委員	高樓門七號
任顯羣	曾任台灣行政公署交通署長	大方巷廣東新村四號
伍智梅	國民黨中央委員	牯嶺路十八號
江××	首都警備司令部督察長	延齡巷一六號
牟定武	國防部第一廳	逸仙橋
衣復恩	空運大隊大隊長（蔣介石專機司機員）	申家巷九號

七畫

姓名	職務	住址

姓名	職務	住址
李宗仁	國民黨中央委員	大方巷二一號（據云現住傅厚崗六九號）
李宗黃	國民黨中央委員	華僑路慈悲社二〇號
李惟果	國民黨中央委員	天竺路一九號
李默庵	國民黨中央委員	白下路五福街六四號
李文範	國民黨中央委員	牯嶺路二四號
李　覺	國民黨中央委員	赤壁路一三號
李士珍	國民黨中央委員	高樓門六號
李次溫	國民黨中央委員	高樓門七號
李敬齋	國民黨中央委員	高樓門七號
李永新	國民黨監察委員	中山北路寧波同鄉會後華村五號
李嗣聰	國民黨監察委員	高樓門七號
李達三	國民黨監察委員	估衣廊二四號
李郁才	國民黨監察委員	寧海路四〇號
李鐵錚	曾任外交部大使	牯嶺路六號
李××	曾任國庫總庫稽計辦事處處長	傅厚崗龍園三號
李調生	曾任財政部次長	莫愁路四八號
李××	曾任財政部次長	原址莫愁路新址左所巷
李品仙	現任偽桂林綏署主任	成賢街蘭園九號（四牌樓交易橋中大宿舍後面）
李××	曾任監察院秘書長	原址白下路二九三號新址厚載巷五一號
李晉芳	立委	文昌巷壽星橋一號

姓名	職務	住址
李××	曾任司法院法規研究委員會付委員長	文昌巷桃源村五號
李××	曾任最高法院院長	太平路桃源村五號
李××	曾任最高法院首席檢察官	沈舉人巷六號之四
李索明	銅山團管區司令部李司令之子	忠林坊三六號
李子亮	首都衛戍總部×郊區指揮官	下關商埠街一五九號
李××	前後勤部鐵道軍運指揮部指揮官	長樂路四四〇號
李××	國防部前新聞局付局長	唱經樓新安理三三號
李人環	荷澤團管區參謀長	新街口正洪街同賢里一號
李適生	立委	尖角營四四號及龍蟠里四號
李××	曾任交通部秘書廳組長	金川門五號
李××	曾任交通部財務司幫辦	新生里二號
李××	曾任交通部航政司司長	徐府巷十三號
李××	曾任交通部總務司司長	花家塘一〇號
李世軍	監委	廣州路公教三村中字一號
李綺庵	僑委會常務委員	廣州路八五號
吳鐵城	國民黨中央執行委員	頤和路九號
吳挹峯	同上	鼓樓五條巷挹華里三號
吳開先	同上	秣陵路二三一號
吳忠信	同上	漢口路徐府巷二號
吳敬恆	國民黨中央監察委員	西華門西華巷一號

姓名	職務	住址
吳奇偉	同　上	上海路金銀街一二號之一
吳南軒	同　上	陶谷新村二號
吳仲直	通訊署長	上海路華新巷六四號
吳　石	國防部前史料局局長	湖北路獅子橋翠琅村一號
吳子健	撫卹處長	遊府新村三二號（又說三〇二號）
吳××	參謀總長辦公室機要祕書	太平巷忠義坊一號
吳××	獨立兵團第四團團長	上海路永樂村一號
吳××	曾任經濟部總務司司長	淮海路三益里七號
吳××	曾任經濟部統計長	板橋新邨二五號
吳兆洪	曾任資委會副委員長	鐵管巷瑞福里四號
吳雲鵬	立委	廣州路公教新村三號
吳××	立委	太平路四〇七號
吳××	曾任立法院還都籌備處職員	四條巷仁義坊一六號
吳××	曾任財政部考試委員會主任祕書	小粉橋三二號
汪××	曾任交通部祕書	三牌樓宏業邨三三號
汪楫雲	司法行政部次長	廣州路公教三村未字三號
汪辟疆	監察委員	文昌巷晒布廠五號
汪××	曾任糧食部儲備司司長	淵聲巷維慶里，羊皮巷韜園四號
汪××	曾任外交部科長	普陀路一一號
何　鍵		上海路陶谷新村一號

何書元	監察委員	中山北路中山聯誼社三〇七號
何漢文	同上	青石街三三號
何克夫	同上	丹鳳街一四號
何××	國防部部長辦公室總務處處長	廣州路乙種市民住宅
何××	國防部第三處秘書	衛海路三三號
何××	外事局局長	莫愁路九八號
何××	撫恤委員會主任委員	上海路陶谷新村一〇號
何××	曾任國民黨某部委員	水佐崗五號
何××	曾任外交部情報司司長	百子亭翠明村四號
谷正綱	國民黨監委	中山路三九〇號
谷正鼎	同上	玉泉路一一號
谷正倫	中央委員	山西路仁和路一五號（山西路仁和街九號）
谷鳳翔	國民黨監委	廣州路公教三村乍三號
呂雲章	國民黨中央委員	鼓樓五條巷挹翠里一七號
邢森洲	國民黨中央候補執委	牯嶺路二二號
冷　欣	陸軍總部副參謀長	新疆路一號
宋子文	國民黨中央執行委員	薩家灣二號
宋宜山	同上	湖南路五二〇號
宋述樵	監察委員	西華門三條巷仁義坊一〇號
杜××	聯勤總部××主任	國府西街二五號

姓名	職務	住址
杜殿英	曾任資委會工業處長	淮海路三益里十六號
杜××	陸軍新編第七路軍處長	小心橋
杜××	國防部第三處處長	漢府路梅園新村四三號
沈鴻烈	執行委員	國府路綱京市六六號浙江省辦事處
沈祖懋	監察委員	廟後街一〇號
沈慧蓮	執行委員	頤和路一二號
沈礪藻	陸軍總部第五署署長	莫愁路天妃里二號
沈××	曾任考試委員會副委員長	考試院
沈××	曾任導淮委員會副委員長	天竺路四號
沈××	曾任國大招待處警備科科長	倉巷一二四號
沈××	曾任交通部津浦鐵路管理局浦兗段副局長	慈悲社一四號
沈述之	國民大會組長	小粉橋三二號
余漢謀	執行委員	上海路陶谷新村七號
余井塘	同上	漢口路一四四號
余××	曾任中央國庫局副局長	玄武路二二號
余××	曾任職於前軍委會政治部	大悲巷大高里一七號
余金源	整七二師師長	大城隍巷五一號

八畫

姓名	職務	住址

周××	曾任考試院副院長	試院路
周××	曾任審計部總務處處長	秣陵路秣陵新村四號
周詒春	曾任農林部部長	江蘇路四七號
周啓剛	曾任僑務委員會副委員長	保泰街二〇號
林××	曾任立法院法制委員會主任委員	頤和路一三號
宓××	曾任善後救濟總署主任秘書	大方巷一六——一號
居　正	曾任司法院院長	大樹根二六〇號之一
金　中	曾任糧食部參事	西康路二五號
邱清泉（已死）	第五軍軍長	中家巷復成新村三九號
邱××	第七十四軍五十一師師長	綉花巷二號
易××	空軍第一軍區副司令	公園里三號
卓衡之	國民黨監察委員	北陰陽營四九號之七
卓××	曾任經濟部委員	牯嶺路六號
杭立武	教育部次長	瑯琊路十號

九　畫

姓　名	職　務	住　址
范漢傑（已俘）	前陸軍副總司令	中央飯店二樓三四八號
洪蘭友	國民黨中央委員	秣陵路二三一號
洪陸東	國民黨中央委員	廣州路一五八號

洪××	聯勤總部兵工署軍械司司長	建康路二八三號
洪瑞釗	立委	文昌里二號
柳志述	國民黨中央委員	太平路文昌巷白菜園五四號
苗培成	國民黨中央委員	廣州路公教村申字四號（一說午五）
范予遂	國民黨中央委員	中山東路逸仙村第三區七號
柏文蔚	國民黨中央委員	傅厚崗六二號
茅祖權	國民黨中央委員	天主堂後街二四號
姜××	陸軍砲兵指揮部參謀長	龍子巷二號之二
紀萬德	國防部預算局局長	漢府路一一號之二
俞鴻鈞	曾任財政部長	高樓門二八號
俞濟時	曾任總統府第三局局長	頤和路三四號
俞大維	交通部長	南祖師庵七號
俞飛鵬	曾任交通部長	水佐崗一〇三號（南台街一六號）
俞××	曾任某機構副處長	傅厚崗三四號
段錫朋（已死）	國民黨中央委員	傅厚崗五號之一
段××	曾任中央訓練委員會主任委員	傅厚崗五號之一
相菊譚	曾任教育部參事	滋大里三號
胡秋原	國民黨候補執行委員	
胡次威	國民黨候補執行委員	西華門四條巷良友里一〇號
胡××	曾任經濟部主任委員	建鄴路一六八號

姓名	職務	住址
胡善恆	行政院會計處高級職員	甯海路南秀村一號之一
胡賁明	立委	新街口忠林坊四七號
胡××	陸軍機械化學校教育長	峨嵋路莫愁路富後山桃園八號
胡子香		秣陵路正大里三號樓下
胡雄	江甯要塞司令部	湖北路翠琅村一號
胡逸民	第三戰區司令部	碑亭巷二六號
計晉美	西藏班禪駐京辦事處高級職員	實暉巷一三號
施××	曾任國大聯絡組組長	吉兆營五九號

十畫

姓名	職務	住址
孫科	曾任行政院長	武夷路七號（秣陵路二三一號）
孫越琦	資源委員會委員長	靈隱路二十二號（鋼銀巷一〇號）
孫九祿	立委	花家橋八號
孫××	曾任最高法院庭長	一枝園七號
孫××	曾任某特派員	大方巷一一號
孫××	曾任國大籌備委員幹事	鄧府巷七號之一
孫××	曾任揚子江水利委員會委員長	甯夏路五號
孫[illegible]	曾任資委會業務處長	金重嵐里四號
孫作人	前財糧署長	青石街二一號

孫國銓	國防部處長	成賢街蘭園九號
孫國銓	國防部參事	保泰街狀元坊二一號
孫桐崗	第×空軍補給區副司令	獅子橋二三號
孫××	前第三方面軍付司令	中山東路二四八號
徐永昌	監察委員，現任偽國防部長	傅厚崗六〇號（六一號）
徐　堪	財政部長	傅厚崗三〇號
徐××	曾任西北行營駐京辦事處處長	上海路，六八號
徐××	曾任公路總局運輸處長	四條巷金谷邨一號
徐劍虹	曾任交通部專門委員	公園路公園里十七號
徐恩曾	「中統」要員，曾任交通部次長	中央路二八〇A字之二號
徐漂洲	中央執行委員會秘書處秘書	廣州路公教三村子字一號
徐　笙	陸軍總部第一署署長	三牌樓小學內
徐卜天	警備司令部	忠實里四號
徐××	空軍總部財務處處長	新民門二八號
徐恩平	國防部兵役局局長	中山北路寧靜里四號
徐××	西北行轅駐京辦事處長	上海路一六八號
徐建國	陸軍第一〇二師三〇五團三營付營長	湯山黃梅橋
徐××	前軍政部機械兵監	高樓門一〇號
徐××	第三方面軍參謀長	武夷路一二號
夏　威	國民黨中央委員	成賢街蘭園九號之一

夏斗寅	國民黨中央委員	寧海路二三號
夏××	最高法院院長	廣州路六十九號
夏××	曾任最高法院院長	廣州路六十九號
馬元放	曾任南京市教育局局長	中央路翠明村七號（八號）
馬鴻逵	偽寧夏省主席	寧海路二號及石鍾路十五號
馬超俊	執行委員	頤和路一號
馬壽華	曾任司法行政部主任祕書	鼓樓四條巷一〇號
馬洪煥	曾任銓敍部次長	試院路
馬××	第五十八師政治部主任	上乘庵泰平里一〇號
唐生智	曾任國民黨中央委員	牯嶺河二十一號
唐××	海軍教導總隊隊長	馬路街復成新村二〇號
唐××	前軍委會委員	高台子百子亭
唐式遵	前第三方面軍付總司令	碑亭巷泰山閣
翁文灝	曾任行政院長	漢中門風景區（瑯琊路一七號）
秦德純	國防部次長，偽魯省主席	鼓樓五條巷一三號（一五號）
袁守謙	國民黨執行委員	湖南路五一〇號
袁××	國防部文職人事司司長	大悲巷鼎新里七號
倪文亞	國民黨執行委員	湖南路大岡新村一二號
高　倓	國民黨監察委員	傅厚崗三三號
高××	曾任交通部路政司司長	南京中央路一二五號

姓名	職務	住址
鄒恩綬	聯勤總部運輸署署長	甯海路鼓樓新村一五號
鄒昌麟	審計部審計	五台山峨嵋路八號
東俊	曾任國民大會新聞組付組長	成賢街晒布廠六號
殷××	曾任粮食部總務司長	天印庵四號
晏勳甫	國防部測量局局長	黃家塘二二號
浦××	曾任善後救濟總署付署長	頤和路一五號
卿汝楫	國防部新聞局付局長	金銀街五號
凌琦	國防部監察官	大悲巷一四號
桑××	曾任財政部總務司長	普陀路二號

十一畫

姓名	職務	住址
陳誠	台灣省主席	普陀路八號之一
陳果夫	國民黨執行委員	長府街四八號
陳立夫	國民黨執行委員	長府街四八號
陳慶雲	國民黨執行委員	北平路五九號
陳肇英	國民黨執行委員	大楊村二九號
陳鈁先	國民黨執行委員	峨嵋路一八號
陳逸雲	國民黨執行委員	牯嶺路一六號
陳策	國民黨執行委員	中山北路六九八號

陳國礎	國民黨執行委員	高樓門七號安廬
陳樹人	國民黨執行委員	大樹根二二六號
陳劍如	國民黨執行委員	頤和路二四號
陳布雷	（已死）國民黨執行委員	湖南路九〇八號
陳　方	國民黨執行委員	中央路黎明村一二號
陳　焯	監察委員	梅園新村二八號
陳紹賢	監察委員	北平路玉泉路
陳大慶	上海警備司令	石鼓路四號
陳長松	監察委員	鼓樓平倉巷九號
陳××	曾任教育部訓育委員會主任	玉泉路六號
陳啓天	工商部部長	普陀路九號
陳匪石	曾任經濟部首席參事	中華路四五八號之二
陳××	曾任交通部鐵路總處處長	竺橋路六十號
陳××	曾任交通部參事	中山北路六九六號
陳楚雄	曾任交通部顧問	中華路一一四號之一
陳××	外交部總務司司長	廣州路公教三村中字六號
陳××	曾任外交部總務司司長	傅厚崗九八號
陳××	曾任考試委員會秘書長	蘭園六號
陳××	曾任考試委員會委員長	試院路
陳××	曾任糧食部分配司司長	四條巷仁義坊一一號

姓名	職務	住址
陳柏青	曾任糧食部參事	花家巷一四號
陳紫楓	國大代表	莫干路二號
陳××	曾任國民黨某部委員	傅厚崗青雲巷五號
陳克文	行政院參事	迴龍橋公教二村寅字三號
陳××	曾任行政院物資供應局南京辦事處處長	傅佐營一號之一
陳××	國防部戰犯監獄拘留所所長	鼓樓四巷條華園村五號
陳達	國防部第四廳第一處處長	遊府新村三二號
陳××	廿九軍軍長	文昌巷桃源村三號
陳××	廿九軍軍長	鼓樓四條巷一號之四·
陳錫九	徐州剿總政工處人民服務總隊第一隊長	熱河路一二號
陳××	前第二方面軍付總司令	石鼓路四號
陳勉輝	前軍令部主任秘書	頤和路二五號黃泥巷七號
陳良	聯勤總部經理署前任署長	峨嵋路九號
陳春霖	聯勤總部副官處前任處長	中央路二八〇號之三
陳××	第五區鐵道軍運指揮部指揮官	高樓門九七號
陳××	陸軍總部督察	鼓樓頭條巷一〇號
陳××	陸軍總部政治部付主任	同仁街一三號
陳獨眞	首都防空司令	國府路九九號及鼓樓桂花園十號
張[illegible]	國民黨中央委員	頤和路九號

張厲生	國民黨中央委員	大方巷三號
張道藩	國民黨中央委員	上海路合群新村一號
張治中	政務委員	沈舉人巷一號
張　繼	（已死）前國民黨中央委員	厚載巷二四號
張知本	監察委員	中山北路二六一號
張嘉璈	國民黨中央委員	中山路陸家里二九號
張廷休	國民黨中央委員	甯海路四〇號
張之江	國民黨中央委員	廖家巷二號
張　貞	國民黨中央委員	馬府街四八號
張九如	國民黨中央委員	碑亭巷慕慈醫院內五號
張靜愚	國民黨中央委員	莫干路一二號
張默君	國民黨中央委員	珞珈路二二號
張任民	國民黨中央委員	大方巷二一號
張維楨	國民黨中央委員	大樹根九〇號
張邦翰	國民黨中央委員	華僑路慈悲社二〇號
張　鎮	憲兵司令	牯嶺路三四號
張××	聯勤總部兵工署技術司司長	祠堂巷三〇號
張××	空軍總部第四署供給處處長	鼓樓五條巷挹華里一八號
張廷孟	空軍第一軍區司令	白菓園
張××	國防部部長辦公室總務處處長	鐘嵐里一號

張××	國防部新聞局第三處處長	螺絲轉灣三二號
張××	陸軍總部付參謀長	戶部街紫金坊一五號
張農楨	監委	廣州路公教三村午三
張××	工商部次長	廣州路公教三村卯三
張××	交通部公路總局第一區公路工程管理付局長	廣州路八五號
張志智	中央組織部第二處長	廣州路公教三村子字七號
張緒滋	傘兵司令部少將司令官	三牌樓棲園九號
張××	前軍委會法制處處長	升州路二一六號
張海平	前軍委會工程委員會總工程師	大方巷廣東新村六號
張××	前第一九集團軍特務司令	寧波路一七號
張××	前西北行轅駐京辦事處主任	沈舉人巷四號
張××	前東北行轅經濟委員會駐京辦事處主任	蘆席營六四號
張××	徐州綏靖公署組長	秣陵路二二六號之二
張靈甫	(已死)陸軍新編第七四師師長	二條巷蕉園一號
郭懺	國防部次長	傅佐路一一號，石鼓路一六號(衛生署)
郭××	國防部主任秘書	延齡巷六〇號
郭××	國防部第一廳辦公室副主任	遊府新村二〇號
郭秉章	國防部第一廳	逸仙橋
郭寄嶠	國防部前任參謀次長	沈舉巷一號

梁惠操	國民黨執行委員	牯嶺路一八號
梁敦厚	同　上	上乘庵二二號
梁××	前軍委會政治部第二廳廳長	安將軍巷一五號
梁漢明	第九九軍軍長	沈舉人巷一八號
梁××	國防部第三廳主任	綉花巷一五號
梁××	國防部第四廳副廳長	廳后街
陸崇仁	國民黨執行委員	中山東路一六五號
陸福廷	同　上	戶部街七六號
許孝炎	國民黨監察委員	鼓樓頭條巷一一號
梅公任	國民黨執行委員	中央門內南昌路三九號
康　澤（被俘）	原國民黨執行委員	靈隱路一一號
鹿鍾麟	同　上	鄧府巷一五號之三
崔震華	國民黨監察委員（張繼之妻）	厚載巷二四號

十二畫

姓　名	職　務	住　址
傅啓學	國民黨候補執委	太平路麟和里七號
傅××	陸軍總部工兵指揮部	漢口路八一號
傅立平	前山東保安副司令	遊府西街德安里二三號
賀衷寒	國民黨執行委員	北平路六〇號

姓名	職務	住址
賀耀組	國民黨監察委員	
賀××	曾任教育部司長	良友里二三號
賀××	曾任社會部勞動局局長	鼓樓頭條巷一號
黃××	曾任某市市長	珠江路八一號
黃紹竑	國民黨監察委員	大坊巷二一號
黃少谷	同上	沈舉人巷六二號
黃仲翔	國民黨執行委員	乾河沿一〇六號
黃建中	國民黨監察委員	藍家莊公教一村卯字一號
黃天爵	同上	華僑招待所
黃宇人	國民黨執行委員	高樓門七號
黃鎮球	國防部次長	甯海路一五號，上海路永慶巷一三號
黃佩璋	第七二軍經理處	金川門外鐵路東二九號
黃伯韜	（已死）廿五軍軍長	螢棠橋二七號
程元斟	立委	廣州路公教三村西六
程思遠	國民黨執行委員	吉兆營吉兆里六號
程××	曾任交通部技監	寧海路三號
程中行	國民黨候補執委	大中橋斛斗街六號
程潛	國民黨執行委員偽湘主席	湖南路九二〇號
湯恩伯	京滬警備總司令	珞珈路五號
湯××	軍訓部輜重兵監	白鷺洲白鷺新村二號

姓名	職務	住址
斯卓然	曾任交通部公路總局運輸人員訓練所教育長	五台山麻家巷一二二號
彭昭賢	國民黨中央委員	甯海路四〇號
彭學沛	（已死）前國民黨中委委員	牯嶺路一五號
彭孟緝	陸軍總部砲兵指揮官	高樓門二八號之一
馮若飛	曾任四川省政府顧問	鼓樓五條巷勤園一號
馮治安	國民黨監察委員	鼓樓五條巷五號
馮兆鼎	立委	廣州路公教三村西三
曾養甫	資源委員會某高級負責人 雲南大財閥	漢口路平倉巷一五號
曾××	陸軍總司令辦公室秘書	北秀村八號
曾鴻圖	國防部機要室少將主任秘書	戶部街二二號
曾紹過	曾任交通部秘書	傅佐路一八號一
閔湘帆	國防部預算財務司司長	中山東路三五二號
閔××	曾任社會部某司長	瑯琊路七〇號
鈕永建	國民黨監察委員	縣後街八號
屠岳嵩		三牌樓西柏菜園新編一九號
華麟麟	國防部民用工程司司長	麻家巷一四號

十三畫

姓名	職務	住址
焦易堂	國民黨中央委員	楊將軍巷四八號

楊　虎	曾任淞滬警備司令	甯海路三〇號
楊端六	國民黨執行委員	淮海路三益里一五號
楊××	曾任交通部考核委員長	宏業邨三十六號
楊××	曾任交通部人事處長	宏業新邨四十號
楊租變	曾任交通部秘書	白子亭一號
楊××	資委會金屬礦業管理處長	瑯琊路十一號
楊永浚	政務委員（青年黨）	風顯村二〇四號
楊玉清	立委	廣州路公教新村三號
楊幼炯	立委	三條巷六合理三號
楊××	前國防部最高委員會專門委員會主任	鼓樓軍站一四號
楊政民	前第五兵站總監	四條巷吉昌里四號
楊××	第七十四軍司令部參謀長	馬府街松竹里四號
楊愛瓊	國防部	龍子巷二賢里三號
楊業孔	國防部第四廳付廳長	頤後街二號
雷　震	國民黨監察委員	鼓樓四條五號之一
鄒　魯	國民黨執行委員	傅夏路三號
鄒志奮	國民黨候補執委	傅厚崗三二號
鄒作華	國民黨候補執委	傅厚崗二八號
鄒××	前軍委會辦公室組長	乾河沿一〇六號
萬耀煌	國民黨監察委員	寧海路二三號

— 149 —

姓名	職務	住址
龐鏡塘	國民黨監察委員	廣州路公教三村中二一
萬××	空軍總部特務旅旅長	青海路一七號
葉秀峯	執行委員（中統局局長）	峨嵋路七號
葉溯中	監察委員（正中書局）	靈隱路一三號
葉 汎	監察委員	高樓門七號
逵輔生	曾任參政員	止馬營一六七號
董 贊	曾任江蘇建設廳長	中山東路一〇五號
賈景德	考試院付院長	漢中路二〇號

十四畫

姓名	職務	住址
趙元議	國民黨中央委員	高樓門七號
趙××	曾任蒙藏委員會付委員長	高樓門四七號
趙××	陸軍總部軍法監部主任督察	城佐營四一號
趙志堯	國防部預算局局長	白下路五福新村三四號
裴××	曾任雲南省政府駐京辦事處處長	靈隱路
熊××	陸軍總部第四署第三處處長	莫愁路一六六號
榮 照	曾任參政員	白下路祥瑞里三號
漆道徵	第七軍付軍長	西八府塘四號
廖××	第九十六軍軍長	百子亭九號之一

姓名	職務	住址
鄺××	國防部民事局第一處處長	衡山路五一號

十五畫

姓名	職務	住址
劉健羣	國民黨中央執委	金銀街一一號
劉峙	曾任徐州「剿總」司令	秣陵路文佩里一號
劉維熾	工商部長	武夷路一六號衞廬
劉攻芸	中央銀行總裁	慈悲社一二號
劉文島	國民黨監察委員	大光路二〇號
劉衞靜	國民黨監察委員	中山北路東門街一六號
劉和鼎	國民黨監察委員	中家巷二號
劉安祺	第十一綏區司令官兼行政長官	傅厚崗二七號
劉斐	國防部參謀次長	赤壁路一號
劉士毅	國防部次長	珞珈路二一號
劉××	國防部第一廳第一處處長	湖南路五二〇號
劉××	國防部民事局第一處處長	太平路忠義坊四號
劉詠堯	國防部軍職人事司司長	慧園里二九號
劉××	陸軍總部第一署第三處處長	馬府街九號
劉××	陸軍總部第三署第三處付處長	國府路青石街青雲里四號
劉××	曾任外交部次長	赤壁路五號

劉灌生	曾任憲政專門委員	再生巷七號
劉含章	曾任司法院首席參事	上海路一八四號
劉××	曾任司法院機要秘書	上海路南秀村一號
劉文輝	西康省主席	中山北路新福里五號
劉××	曾任國民黨某部委員	南門樓三三號
劉士篤	曾任監察院職員	香鋪營一七號
		廣州路公教三村午六
劉　通	立委	廣州路公教三村巳字六號
劉英士	曾任教育部參事	峨嵋路四號
劉克擕	立委	廣州路公教三村巳七
劉××	八八軍軍長	甯海路一二號
劉××	某機關秘書長	安品街七四號後院樓上
劉××	砲兵學校教育長	三條巷松竹里三號
劉慕曾	聯勤總部前軍法司司長	羊皮巷一四號（該司內）
劉牧羣	空軍總部空軍訓練司令	四條巷仁壽里二四號
劉××	空軍總部南京飛機修理工廠	大火瓦巷四一號
劉××	陸軍總部經理處處長	漢府路一二四號
鄭彥棻	三青團要員，中央黨部秘書長	中山北路樂業村七號
鄭××	陸軍總部第二署第二處處長	龍子巷滋大里一六號
鄭××	國防部兵役局付局長	峴嵩路九號

鄭介民	國防部次長（軍統要員）	牯嶺路二二號
鄭　烈	曾任最高法院檢察長	天竺路一七號
鄭震宇	曾任地政署長	陰陽營四六號
鄭××	曾任國民黨某部委員	南門樓三三號
鄭延卓	曾任粮食部參事廳首席參事	王府路五三號
蔣緯國	陸軍裝甲兵司令部參謀長	普陀路一五號
蔣××	曾任交通部公路總局處長	乾河沿一〇四號
蔣夢麟	曾任行政院秘書長中美農業合作負責人	頤和路一九號（中央路二八號B五號）
蔣廷黻	曾任善後救濟總署署長	甯夏路二二號
蔣××	曾任最高法院庭長	天目路三〇號
蔣××	曾任司法院秘書長	天主堂後街二四號
蔣碧薇	國大代表	傅厚崗六號
賴朝文	國防部第一廳	逸仙橋
賴××	警備司令部參謀長	中央路二八〇號
蔡××	陸軍總部付參謀長	瑯琊路一六號三條巷文昌宮二二號
蔡仁傑	五八師師長	成賢街七二號
鄧文儀	國防部政工局局長	太平橋大悲巷一三號之一
鄧翰良	曾任經濟部商業司長	碑亭巷板橋新村二八號
鄧川山	僑務委員會常務委員	廣州路八五號
鄧××	國民黨委員	天目路四一號

鄧家彥	國民黨執行委員	天目路三九號
鄧飛黃	國民黨執行委員	高樓門七號
鄧××	衢州綏署處長	石婆婆巷四五號
歐元昌	曾任交通部顧問	中正路四八號
歐陽××	曾任經濟部企業司長	西華門二條巷二號
歐震公	前第十集團軍總司令	上海路一八二號
潘公展	國民黨中央執委	靈隱路一三號
潘有吉	陸軍總部	卅四標
魯××	曾任財政部次長	玉泉路一二號
褚輔成	曾任參政員	朝天宮西街堂子街南衛巷二號
衞守義（已停）	十二軍軍長	衛海路六四號

十六畫

姓名	職務	住址
錢大鈞	國民黨執行委員	大坊巷傅佐路一一號
錢××	前軍委會銓敘廳廳長	桃源新村一號之一
錢××	××司令	清涼山一號
錢壽恆	聯勤總部特勤處前任處長	莫愁路四八號
錢卓倫	前國防部第一廳廳長	桃園新村一號之一
錢昌祚	國防部第六廳廳長	頤和路四八號（二二二號）

姓名	職務	住址
錢××	水利部司長	清涼山
錢××	水利部委員	上海路一三五號
蕭××	曾任交通部參事	大方巷廣東新邨三號
蕭吉珊	國民黨中央委員	玄武門二〇號
蕭贊育	同　上	馬路街復成村二七號
蕭　錚	國民黨執行委員	甯夏路武夷路一六號
蕭同茲	同　上	珞珈路二三號
蕭文哲	曾任國大法制組組長	馬家街永新里六號
盧××	考試院委員	豆菜街
盧××	曾任交通部全國船舶調配委員會主要職務	上海路一五號
盧××	陸軍總部第二署署長	碑亭巷五二號
龍志雲	曾任勵志社總社秘書主任	科巷丘老橋三一號
衛立煌	曾任陸軍付總司令	上海路永慶里五號
衛　權	陸軍總部秘書處長	英威街順德村一〇號
譚小岑	立法院高級職員	廣州路公教新村三號
賴　璉	國民黨執行委員	黃泥崗口三多里五號
駱美奐	同　上	甯海路四〇號

十七畫

姓名　職務　住址

姓名	職務	住址
戴修駿	立委	廣州路公敎村己一號
戴世英	曾任資委會復員籌備處主任	淮海路三益里四號
戴××	曾任中央訓練委員會某處長	和平新村四八號
戴銘禮	曾任財政部錢幣司司長	傅厚崗三號
戴傳賢（已死）		慈悲社孝園一九號
謝作民	曾任僑務委員會委員	四條巷四海里一六號
謝冠生	司法行政部部長	頤和路三七號
繆秋杰	曾任財政部鹽務總局局長	湖南路五一六號，慧園里四一號
關麟徵	國民黨執行委員	百子亭二五號
龍雲	國民黨監察委員	中央路一五六號

十八畫

姓名	職務	住址
魏道明	國民黨執行委員	北平路五六號
韓景范	曾任交通部專員	中山東路忠村坊三四號
韓××	空軍總部監察總隊	二條巷蕉園六號
簡樸	空軍總部政治部政工處長	白下路東昇里二號
聶松溪	（已俘）前第二綏區付司令	莫愁路黃鸝巷四二號

十九畫

姓名	職務	住址

姓名	職務	住址
羅卓英	國民黨中央委員	中正路跑馬巷吉祥里二一號
羅家倫	同上	大樹根九〇號
羅貢華	同上	上海路陶谷新村一〇號
羅霞天	同上	羊皮巷韜園一〇號
羅××	曾任國民黨某機構委員長	徐府巷二七號
羅衡公	曾任參政會	逸仙橋市民住宅
羅××	國防部第一廳第二處付處長	四茫里九號
羅××	國防部中央軍教電影事業管理處	利濟巷普慶新村六號
龐松舟	主計長	青石街二〇號及太平路麟和里三號
龐××	陸軍總部財務處長	南台巷一四號
龐鏡塘	（已停）執行委員	江蘇路二七號
譚伯羽	曾任交通部次長	頤和路一五號

二十・一——二十三同

姓名	職務	住址
嚴××	曾任粮食部長江區粮食儲運處付處長	鐵管巷五〇號
嚴××	曾任農林部次長	慧園街慧園里三一號
鄧景福	偽國大代表	明瓦路一七號
顧祝同	參謀總長	頤和路五號及中山東路四條巷南園一二號
顧樹森	曾任教育部國民教育司長	正洪街正洪里一六號及上海路合羣新邨七號

顧×× 司法行政部總務司司長 傅厚崗二七號

趙學遂 曾任青島市長 傅厚崗六六號

趙×× 曾任交通部次長 三友里一五號

補遺

海軍機構：

海軍總部第五補給總站……下關碼頭
海軍子弟學校……挹江門凱旋村
海軍第五醫院……下關
海軍福利委員會……
南京江防指揮部……（歸衛戍總部指揮）

空軍機構：

空軍官佐宿舍……三條巷文昌宮
空軍總部第四轉運站……下關江邊四號碼頭
空軍醫院……光華門
空軍監察總隊無線電台發報台……国府路十六號
空軍地面警衛一團……珠江路大影壇

空軍地面警衛二團……南京（一）江字七〇二三信箱
空軍地面警衛三團……珠江路
空軍地面警衛四團……鷄鳴寺
空軍總部航空工業局……大校場機場及珠江路大影壁
空軍第五大隊……大校場
空軍第八大隊……中華門外
空軍雷達第五隊……
陸空連絡通訊隊……大光路大光新邨一九號
空軍照測第一團第三營……成賢街五十號
空軍各校招生報名處……中山東路四條巷良友里
中央情報所第二支台……中山東路舊中央醫院
空軍宿舍（甲、乙、丙。）
半山園空軍油庫

空軍人物：

朱中山：　空軍總部交通處付處長　大光路大光東村八號
葉禧年：　空軍總部訓練計劃室主任　大光路大光東村十號
任耀華：　空運一大隊三科參謀　西華門四條巷八四號三樓九號

重要人物住址：

八畫補遺

姓名	職務	住址
周至柔	空軍總司令	瑯玡路九號
周兆棠	國民黨中央委員	高樓門七號
周震鱗	監察委員	竺橋新村一之四號
周紹成	監察委員	中山東路五五號
周憲章	海軍總部參謀長	糧倉橋東街新民門三〇號
周毓英（已俘）	前五十一軍長	鼓樓二條巷新五號
周××	國防部前新聞局參謀	慧園里一號
周××	曾任交通部公路總局付局長	瑯玡路四號
周××	曾任交通部司長	南台巷一六號
周××	曾任交通部財務司長	錢塘路十七號
邵力子	監察委員	瑯玡路八號
邵華	監察委員	八寶前街新五二號
金××	陸軍砲兵學校教育長	傅厚崗三八號及頤和路二〇號
金元鍔	國防部第一廳第四處處長	程閣老巷一〇號
金××	國防部第五處	高樓門六四號
林蔚	國防部次長	山西路東門街二二號
林可勝	聯勤總部軍醫署長	四條巷李公祠（該署內）及西康路三號
林柏森	前陸軍總部參謀長	遊府西街遊府村二八號
林孝思	陸軍總部辦公室少將主任	三牌樓五十號
林××	前國防最高委員會參議室組長	糖坊橋七六號

（八畫補遺完）

勘誤表

（頁數）	（行數）	（字數）	（誤）	（正）
一	三	倒七	（漏字）	薫
一	七	倒一	釋	譯
二	五	七	年	忄
四	二	十六	×	畔
五	五	末	種	科
六	倒三	五	沅	阮
十	十一	二十二	德	傳
十八	倒四	五	普	晉
三十七前	二	四	黃	貢
三十九	九	二十	鄉	卿
四十六	一	倒十一	湯	楊
五十四	倒七	六	鄉	卿
六十六	四	四	教	救
七十八	倒六	十一	組	隊
八十七	一	十九	（不清）	正
一〇七	倒二	二	銀	錄

勘誤表

頁數	行數	字數	誤	正
一	十	倒五	部	都
二	一三	二六	乂	汉
二	一四	一一	爲二	又分爲二
四	九	倒四	爲緇期	爲無緇期
四	一二	二四	天雨	雨天
四	一二	倒二	七月	十月
七	一二	倒二	民	（刪去）
七	倒五	三	五	六
八	四	五	七、九	七、五
八	一一	倒五	五	九
一三	倒三	倒四—二一	行政區	政治區
一四	五	六	附	（刪去）
一四	八	二一	（不清）	三
一五	九	四	又	汉
一七	倒三	二九	港	府巷
一七	倒二	一五	乂	汉
一八	二	二四	七	（刪去）
二〇	倒一	倒三	二	〇
二三	四	二二	郊	郊有
二三	九	一二	有	有紀念堂
二三	倒六	一一	寺谷	谷寺
二三	倒三	一四	寨	墓
二四	一	倒七	寺	樓
二四	倒二	十二	巖	礎
二五	倒二	倒四	路	街
二六	倒五	倒三	九	（刪去）
三三	倒九	倒二	四	四五
三四	六	三	百	國
三四	二一	倒一	八	三
三九	倒九	倒四—五	五路	路五
三九	倒八	倒二	六	（刪去）
四三	末	倒四	十	一
四三	末	三	（不清）	局
四四	九	三	（不清）	局
四四	二〇	一—二	達雷	雷達
四六	三	四	都	部
四八	三四	一	四	五
四八	五	一—五	聯勤交通部	聯勤交通部
四八	三五	倒三—一	一六號	一六號鼓樓大方巷一〇號
四八	三六	倒八—一	鼓樓大方巷十號	華僑路一一號
四八	三七	倒六—一	華僑路一號	南京路百木橋
四八	三八	倒五—一	南京百木橋	（刪去）
四九	四	一	五	六
	一一	一	六	七
	二四	一	七	八
	三五	一	八	九
五一	七	一—四	二九〇圖	九七師二九〇圖
五二	二四	倒五	藍	闢
五二	三一	倒六	藍	闢
五二	三四	一	五	五五
五二	三六	倒十	江	江路
五二	三六	倒四	五	（刪去）
五四	一四	倒二	（不清）	三
五四	一六	倒三	軍	軍需學
五四	一九、二〇	一	辦	後勤總部辦公室
五五	一二	一	第	中國陸軍總部第
五五	三〇	一〇	暴	里
五六	倒二	三	路	門
五七	四	倒[illegible]	九	六
五七	一二	五	廟	總南區
五七	一五	二	石	石壩
五七	二八	倒一	台	台雨花路
五七	倒六	一—二	富豐	豐富
五七	倒二、三	四	分	警
五八	二〇	倒二	帥	師
五八	二四	倒二—三	三八	八三
六〇	二	一、二	總閣	電訊總台
六一	一二	三		節
六一	二二	一	訛	通訊學校訛
	二三	一	訓	通訊學校訓
	二五	一	訓	工兵學校訓
	倒一	倒一	二	一一
六二	倒八	二、五、	閩	圍
六三	三	六	（不清）	二
六七	一二	九	央	山北
六九	倒十三	倒二	（不清）	三
七〇	三	倒二、三	凰鳳	鳳凰
七一	九	二	衛	車
七二	二、三、四、	一	第	軍
七二	倒八	十	率	旅
七三	十五	二	國	央
七四	五	五、六	白下	（刪去）
七六	二五	十二	、	（刪去）
八一	三一	七	央	邏
八二	十一	一	（不清）	公
八四	三七	九	缺字	路
八七	十四	四	缺字	巷
八九	十三	九	巷	寺
八九	一五	一九	非	林
八九	倒一一	八以下		（刪去）
八九	倒一二	八	院	院分院……棲霞山
九〇	四	九	四	七
九〇	一〇	二	經	書
九一	一五	五	大	中
	一六	五	大	中
	一六	二	比	地
九一	三三	十三、十四、	教立	（刪去）
九二	二一	五—一二	成賢街教育部對面	（青年部）中正路幽後街十號
九二	二七	六	畢	吳
九二	三〇	五、六	交通	（刪去）
九六	一一	五—九	基督教會辦	（刪去）
九九	二七	一〇	九	四
一〇二	一	一一	六	八
一〇四	五	一三	（不清）	一
一〇四	七	一四	（不清）	一
一〇四	一五	一〇	（不清）	三
一〇五	二三	十七、十八	八九	九八
一〇六	七	六	（不清）	二
一〇六	三七	八	六	八
一〇七	二五	五	管	第
一一一	二一	一二	西	四
一一一	二七	一五、一六	康西	西康
一二〇	五	一〇—一二	七一二	下江
一二〇	七	八	二	七
一二六	六	十六	（不清）	一
一三〇	二	十九	赤	未
一三四	六	一二、一三	九八	八九
一三八	一二	一三	（不清）	羅
一三八	一六	一五	（不清）	府
一三九	七	二〇	（不清）	一
一五七	十三	倒一	同	書

南京調查資料（特篇之二）

對內參攷
不得外傳

南京公私立醫院及衛生機關

江南問題研究會編印

一九四九年三月

目錄

一、南京中央醫院

總　院：中山東路黃埔路
門診部：總院對面政治公園內
宿　舍：吉兆營吉兆里九號

一、沿　革

中央醫院在民國十八年春間，由前僞衛生部長劉瑞恆擘劃創辦，於明故宮徵收民地五十畝，陸續興建活動木房十餘座，最初名爲「中央模範軍醫院」。隔了一年，才改名爲中央醫院。該院的非字型大廈，是華僑資本家胡文虎出資三十七萬五千元建造的，奠基於二十年仲冬，落成於二十三年初夏。二十五年劉去職，由沈克非繼任院長。二十六年抗戰爆發，九月二十五日，日機轟炸該院，院中落有重磅炸彈數枚，損失雖重，幸大廈未被炸毀。即暫遷中山門外遺族學校執行業務。後來淞滬淪陷，形勢危急，在二十六年十一月二十五日與僞政府各機關一同撤離，除了一部份醫療器械外，其他重要設備，都來不及運走。西遷之後，初移長沙，再遷貴陽。二十九年夏，院長一職，由吳紹青繼任，工作員工分在渝筑兩地服務，以重慶歌樂山新建的院址爲總院，留駐貴陽部份爲分院。到了三十一年改組，將該院分爲渝筑兩院，在重慶稱重慶中央醫院，在貴陽稱貴陽中央醫院，行政經費，各自獨立。

三十四年九月抗戰勝利，現任中央醫院院長姚克方接收京滬區日僞衛生機關。三十五年二月四日遷入中山路舊址，當時院內設備，一無所有，後由衛生署請到物資數批，更承行總督蘇甯行署撥助藥品及醫療器械等，內部設備，才得逐漸充實。

（一）該院除恢復原有各科外，新增者：計內科下有神經系精神病科，心臟血液科，腸胃消化器科，新陳代謝病科。外科下有胸廓外科，腦系外科，臨床麻醉學科。此外，又有保健科的設置。並設有病人服務部。（二）另建門診部：三十五年十一月十一日在該院對面政治公園舊址，另建門診部，到三十六年三月十日全部落成。共建房屋十三幢，各科一律移到新址應診。（三）擴充病室：門診部遷移後，騰出來的院舍，將原設八個病室增加到十四個。計一至九病室，都設在大廈內部；十至十四，則設在大廈北邊的平房內。（四）增加床位：戰前該院各科病床合計祇有三百張，復院後，現已擴充到五百五十九張，三十六年度擬增床位至六百五十張的原定計劃，距離實際需要尚遠。（五）成立貧病調治所：京市人口日增，該院所有病牀，供不應求，以致糾紛迭起。該院所收治的貧苦病人，到達相當治療時期，將愈未愈，去之無異絕其生機，留之未免虛佔床位。該院對此點，特設置貧病調治所，用一種簡單的工作，使所收容的慢性患者能有輕鬆的肢節運動，助長其健康進展，以縮短痊癒期。（六）訓練概況：三十五年該院舉辦外科、耳鼻喉科、放射學科、牙科等醫師講習班。三十六年繼續舉辦內外科醫師講習班，婦產科醫師講習班，耳鼻喉科醫師講習班，放射學科技術人員訓練班。計先後入班受講習訓練者達一百餘人，現在該院受訓者爲六十三人。

二、近況

（一）人事方面：民國三十七年秋，院長姚克方赴英，院務由副院長王畏三代理。

（二）經濟方面：（1）姚克方赴英途中，行經新加坡，曾向胡文虎捐到添建另一座井字大廈的經費。（2）由於僞幣猛跌，卽使是蔣匪政府所立的中央醫院也受到經濟崩潰浪潮的襲擊，民國三十六年年底算出全年收支相抵，不敷僞幣二十五億餘元，至民國三十七年九月，則一個月就虧空將達二萬五千元偽金圓券，合偽幣七百五十億元。

（三）設備方面：（1）藥品：藥品數量很多，存在貯藏室（即庫房）中，貯藏室在該院右側，靠近美軍顧問團的地址。

藥房分門診部與住院部兩處。

（2）病床：有八百多張，但僅用六百張，民國三十六年底又有減少病床二百五十張的計劃。

組織系統表（一）

中央醫院

- 審議委員會
- 設計考核委員會
- 內科
  - 普通內科
  - 皮膚花柳科
  - 神經系與精神病科
  - 肺癆科
  - 心臟血液科
  - 腸胃消化器科
  - 新陳代謝科
- 外科
  - 普通外科
  - 泌尿外科
  - 矯形外科
  - 胸腳外科
  - 腦系外科
- 小兒科
- 婦產科
- 眼科
- 耳鼻喉科
- 牙科
- 保健科
- 放射學科
- 實驗診斷科
- 臨床麻醉藥科
- 物理治療科
- 護理部
  - 供應室
  - 托兒所
- 藥品調劑室
- 營養調製室
- 病人服務部
- 秘書室
  - 文書股
  - 病歷股
  - 圖書股
- 事務部
  - 院務股
    - 掛號處
    - 住院處
    - 詢問處
    - 郵件處
    - 電話總機間
  - 出納股
  - 工程股
  - 庶務股
  - 採購股
  - 庫藏股
- 會計室
  - 歲計股
  - 會計股
  - 稽核股
- 人事室

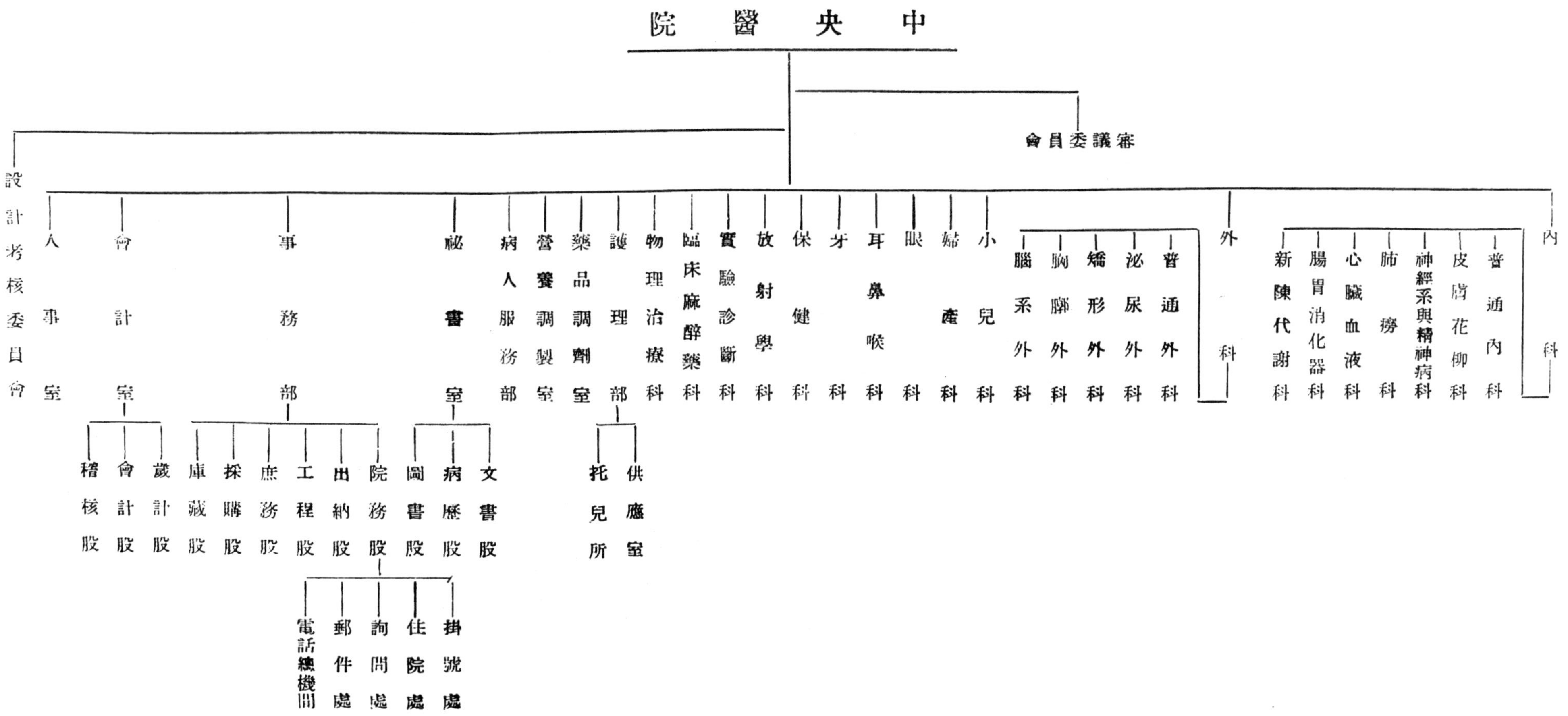

（一）各部重要負責人：

院長：姚克方：美國留學生，抗戰期間任貴陽中央醫院院長，三十四年日本投降，僞政府派他接收京滬日汪衛生機關並恢復南京中央醫院。三十六年曾爲南京中央日報主編醫學副刊。與政學系有關係。

副院長：王畏三

內科總住院醫師：張巨淸

外科主任：許殿乙

小兒科副主任：白天恩

婦產科主任：何××（女）

藥房總主任：章××，協和醫院藥科出身。

細菌學室負責人：朱××（女）係檢驗室主任吳××之妻。

精神病科主任：陳麋麟

X光科主任：李××

病人服務部主任：王傑儀

護士部主任：段容貞（女）

檢驗室負責人：吳××

精神病院負責人：丁璜

健康檢查負責人：朱××

總務處處長：籐介

貯藏室及庫房負責人：王××

英文祕書：徐××

（二）重要醫師：

眼科醫師：孫××

耳鼻喉科醫師：陳××

神經系醫師：項律

×系主任醫師：趙東海，東北人。

病理學醫師：牛××

病理學醫師：陳德慧，江蘇醫學院畢業，曾被蔣政府逮捕

X光醫師：徐寶明、熊××

實習醫師：孔憲雲，上海醫學院學生，曾被蔣政府逮捕

【註】該院醫師及助手共約四百餘人，其中有百分之六十，係貴陽中央醫院調來，百分之四十係新聘。

【附】員工人數統計（三十六年八月十七日發表）

醫務人員：一五〇人

護理人員：二〇九人

檢驗藥劑及其他技術人員：三七人

事務人員：一一七人

勤務工役：三一六人

共計員工：七八四人

四、重要資產

(一)建築物：

總　院(中山東路黃埔路)：總辦公廳十七間，骨科療養室二幢、精神病室及結核病室四幢、飯廳。、廚房各一幢，消毒室、動物室各一幢

門診部(院址對面政治公園內)：活動木房六十一幢，普通房屋十三幢。

宿　舍(吉兆營吉兆里九號)：職工宿舍四幢，家屬宿舍樓房二幢。

(二)重要設備：

物品名	數量	物品名	數量
最新式愛克司光機	三具	紫外光線	三只
鐵肺	一部	紅外線燈	二只
顯微鏡	廿三架	電療器	一具
鐳錠	二百m/gm	消毒器(大小)	六具
手術燈	十一只	手術台	九張
電氣冰箱	九座	牙科X光治療器	一具
人工氣胸儀器	(不詳)	手術椅	一張
康氏反應之抗原	很多(會自製)	病理症斷凝結素	很多(會自製)
外科手術儀器	全套	產科手術儀器	全套
製造假眼球儀器	全套	藥品(美國貨)	很多
病床	八百多張		

五、業務概況

該院業務有五項，中心業務爲醫療工作，其次是技術訓練、服務救濟、和學術研究。

在醫療部份，門診人數最多，平均每天達八百人，住院病人平均每月六七百人。技術訓練部份的業務，有經常性的醫務技術訓練和短期的專科訓練兩種。保健部份業務是進行兒童保健和公共衛生兩種工作。服務救濟部份則係從事貧病調査，登記免費及優待公敎人員等事宜。學術研究部份則爲舉辦各種研究會與討論會。

六、附設機關

（一）中央高級護士職業學校

該校係僞衛生署前署長劉瑞恆會同僞全國經濟委員會衛生實驗處及中央醫院於民國二十一年秋創辦。原名中央護士學校。二十四年四月，僞教育部頒佈高級護士職業學校暫行通則，改稱今名，並於二十六年七月改屬敎育部直轄。抗戰後　該校曾遷長沙、貴陽，最後在重慶歌樂山龍洞灣設校，十餘年來，與中央醫院合作，以該院爲學生實習醫院。三十三年二月，該校因校舍關係曾改與上海醫學院合併。戰後遷回南京，仍設中央醫院內，現有護士科三年級上下期各二班，二年級上下期各一班，一年級上下期各一班，學生一一九人，敎職員四三人，校長段蓉貞。（摘自僞教育部編中國教育年鑑）

（二）南京精神病防治院：

該院屬僞衛生部，成立於三十六年三月，設置心理衛生科、精神病科，神經病科、社會服務部、護士部、檢驗室、藥劑室、祕書室、事務室，由院長程玉麐主持，暫與中央醫院合作，設立精神病房。該院自有座落五台山土地十三畝。

（三）小型發電所：

在院址範圍內，情况不詳。

（四）托兒所：

專收職員子弟，有三〇多個兒童。

（五）衞生諮詢處：

由公共衞生護士負責，屬於保健科，專作隔離傳染病人、預防、接種，及公共衞生教育事業。

（六）貧病調治所：

附設於病人服務部，是訓練長期住院的貧苦病人生產的機關。

（七）醫師宿舍：

情况不詳。

（八）精神病院：

負責人丁瓚，是僞衞生部的，附設在中央醫院內，全名「衞生實驗醫院精神病研究所」。

「附錄」

與中央醫院有連系之機關：

（一）中央衞生實驗院，曾與中央醫院合辦放射學科技術員訓練班及細菌血清檢驗技術員訓練班。

（二）中央大學醫學院與中央醫院以前曾合作，凡該校學生實習工作，部份在中央醫院施行。

（三）首都結核病防治院，地址在南京中華路下江考棚（已另在上海建新址，屬衞生部）。

二、各市立醫院

一、市立醫院

地址：下江考棚（夫子廟附近）
電話：二三三四七

（一）組織

該院設有左列各科室及藥局：

一、內科：甲、普通內科，乙、小兒科，丙、癆科。
二、外科：甲、普通外科，乙、骨科。
三、皮膚泌尿科。
四、產婦科
五、耳鼻喉科。
六、眼科。
七、牙科。
八、檢驗科。
九、X光科。
十、保健科。

十一、電療科。

十二、會計室。

十三、護士室。

十四、事務室、

該院在業務需要時可附設高級護士學校及高級助產學校。

（二）編制

一、設院長副院長各一人。

二、各科室及藥局各置主任一人，必要時各科及護士室添置付主任一人。

三、該院設置醫師、藥劑師、護士長、及護士、助產士、技士、技佐、藥劑生，共員額如次：

主治醫士九人至八人，住院醫師五人至八人，助理醫師十五人至二十二人，藥劑師四人，護士長九人至十一人，護士三十人至五十人，助產士六人至八人，藥劑生四人至六人，技士三人至五人，技佐五人至八人。

設置事務員十四人至十八人，分別辦理文牘、出納、人事、庶務、住院、詢問及掛號等事項。

會計室置主任一人，助理員四人至六人。

（三）內部人員

院長：楊樹信。付院長：何　靖

內科主任：陳振犛

外科主任：　　副主任：錢明煦

化驗科主任：陳超常

醫師：丁鴻才、李秀榮、張振毅、何孫豪、管必强、徐學嵘、陳玉琴、鄔學俊、高鵬程、陳鴻恩

、秦毓英、孫徵祥、鄭裕隆、黃天威、談光新、康順香、翟郁文

助理醫師：章克安

護士室主任：

護士長：王若喩、段翔、蔣洪恩

護士：陳祖貞、耿素德、周秀英、金慧芸、王玉蓮、唐永慧、汪凌霞、徐捧雲、李志敏、王純淑
王驥、沈滋、陳士華、高玉琢、莊傑、陳歷克、曾憲芬、張靜宜、高佩珍、吳蕙英、曹寶
珍、王春秀、陳彰琼、許章齡、段慶純、李慶珍、陳如玉、王瑞英、陳琼智、李敏如

藥局

主任：李成勲

藥劑師：巫如淵、史素君、潘承宗

會計室

主任：吳審清

會計員：錢明熙、高東孚

事務室

主任：吳雨之

事務員：顧文義

書記：陳浩然

【附】該院於一九四七年七月十九日成立董事會，名單如左：

「參議會」劉守英，「衛生部」施正信、「醫師公會」金鴻宇，「市政府」楊樹信，「衛生局」
王祖祥，「地方熱心公益人士」陳漢清，王文山，李照寰。

（四）設備

有樓房三座，均不大，第一座三層，包括內外科，婦產科及病房，第二座包括牙科、傳染病室及醫師宿舍，第三座是職員、實習醫師及護士宿舍。

病房分爲三等，共有病牀一百[illegible]十五張（此係一九四七年九月的統計，包括小兒科小病床十五張。據同年僞市府公報稱，擬將病牀增至二百張。）

醫療設備方面較中央醫院相差很遠，一九四七年九月僞行政院善後救濟總署贈送該院X光照相器材一套。

二、傳染病醫院

地址：下關商埠街

（一）組織

該院設下列各部室：1.醫務部2.護士部3.檢驗室4.調劑室。

（二）編制

該院長一人，副院長一人。

設醫務主任一人，醫師四人至八人。

設護士主任一人，護士長二人至三人，護士十五人至二十人，助理員五人至七人，藥劑師一人至二人，檢驗員一人至二人，事務員六人至十人。

設會計員一人，佐理員一人。

（三）內部人員

院　長：張兆統（由「衞生部」第六防疫醫院院長調任，前任該院長翟俊升調任「衞生局」醫師。）

醫　師：朱雲龍、翟允生、陳降基。

護士長：章振華、莊靜嫻。

護　佐：李同餘、朱華莊。

護　士：汪官運、金慧敏何、宋守四、周志堅、張蘭珠、程慈愛、張德義、李巧英、王玉瑛、王淑媛、唐鴻敏、張洪英、張森妹。

助理員：舒瑞英、汪競德、傅漱琴、朱靜華、葉鳳珠、程姍、陳重興。

藥劑生：王文彥。

會計員：陳志、沈祖沵。

事務員：吳達哉、石松蔭。

（四）設備

一九四七年六月十四日該院門診部之工人宿舍、飯廳及隔離病室等新屋落成，並添置若干衛生設備。同年由僞衛生署及僞市府補助蔣幣一億元，擴充設備，病床可增爲八十至一百張。

三、產科醫院

地址：下關二板橋
電話：三三〇二五

（一）組織

該院設左列各室

一、產科檢査室。二、門診室（甲）兒科（乙）婦科。三、檢驗室。四、手術室。五、藥劑室。六、護士室。七、保健室。八、會計室。九、事務室。

（二）編制

設院長副院長各一人。

設醫務主任一人，主治醫師一人至二人。

設醫師一人至二人，藥劑師一人，護士長一人，助產士長一人，藥劑生一人至二人，護士四人至六人，助產士六人至八人。

設會計員一人，事務主任一人，事務員二人至四人。

（三）內部人員

院長：　劉福林

醫師：　沈徵華

護士長：羅自強

護士：

藥劑師：陳玉璐

助產士：杲晴暉、范文淑、陳永鳳、劉克榮、劉璽聲

（四）設備

一九四七年有床位三十八張，其他不詳。

四、戒烟醫院

地址：興中門內中華路望鶴崗

該院於一九四五年初成立，院址甚小，至多能收容六十個烟民，同年七月間，該院曾在安品街七十一——三號租到一座大房子，但被「聯勤總部特約被服廠」所强佔。

該院人員如左：

院長：　張錦江（前任院長係張慶生）。

醫師：陳福基，劉永福。
護士長：潘瑾。
助理員：吳景雲。
事務員：李應南、崔筱英。
雇員：王珞珂

五、城南醫院

地址：兩花路（雨） 電話：二一一九九三

組織、編制及設備均不詳。
院長： （前任院長係張慶生。）
醫務主任：蔡世勛
醫師：崔撫雅 沈錦
護佐：鄒少蘭
護士：陳瑞瑛 武淑美 吳之玉
藥劑生：許敏文
事務員：楊堉英

三、陸海空軍醫院

總院：楊公井三十四標
分院：湯山

一、概述

蔣匪以往之軍醫院，是陸、海、空、軍醫院各別單獨舉辦的，迨戰犯陳誠任僞國防部參謀總長時，將其合併，於卅七年五月在南京成立陸海空軍醫院，（前曾名聯勤總部南京總醫院），直屬僞聯勤總部軍醫署。總院設楊公井三十四標前汪僞中央醫院舊址，分院在湯山前日軍營房。

該院任務爲負責收容蔣匪南京各軍事機關及前方部隊之傷亡官兵，故除婦產科收伙食費用外，其餘全部免費。

現任院長景如瀾，在湯山分院主持業務，副院長楊文達、吳肇昌，在三十四標主持業務。

該院建築一新，器材被服均係新置，職員，數多於傷患者，且待遇高工作時間短，醫師都爲薪給制，並有手術費。

二、總院之組織人事

南京公私立醫院及衛生機關（特篇之二）

（一）組織

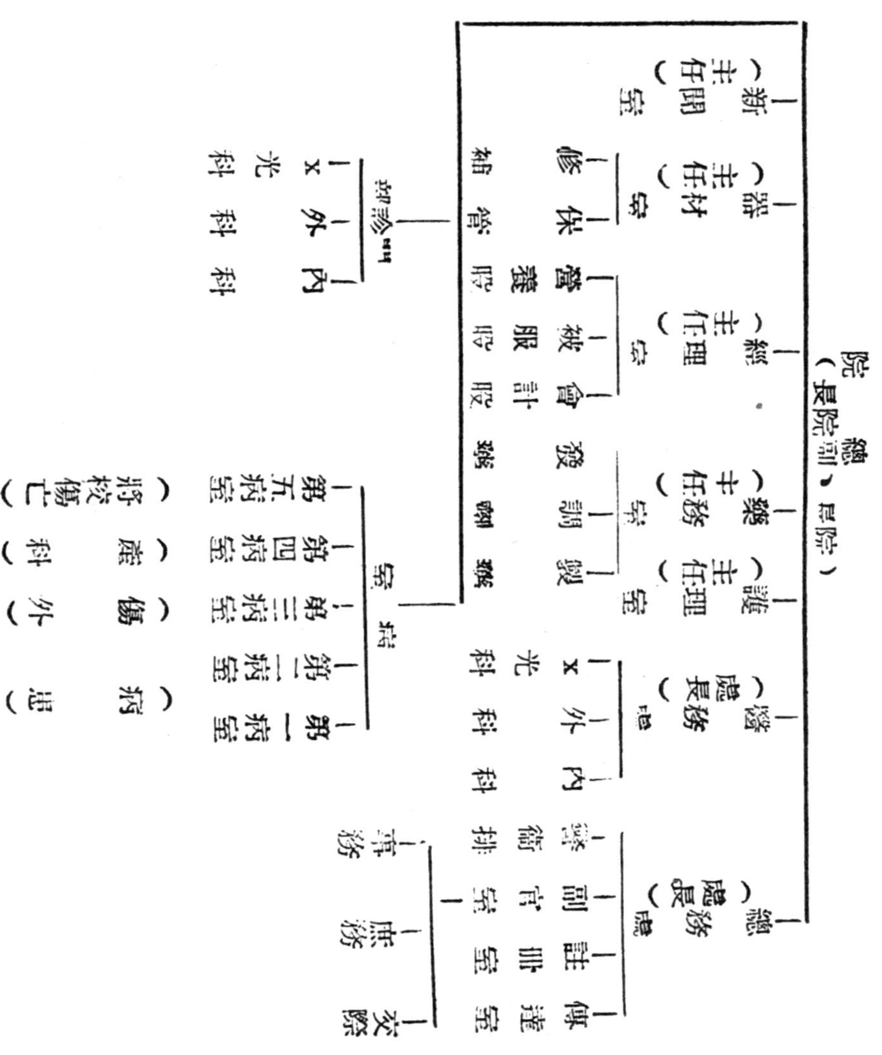

（二）人事

院長：偽少將代中將景如灊，山東人。

副院長：偽少將楊文達，吳繫昌。

軍醫監軍醫：景凌灊

外科主任：偽少將萬福恩。

外科主治醫師：陳兆義。

新聞室主任：偽上校宋××

牙科主任：費××

產科主治醫師：王寶翠，王白芳。

醫師：江導鰲、宋方玉、翟大福、李義俊、雷慶。

內科醫護組助理護理員：孫達慶。

共有醫師七十六人，護士八十人。

三、業務

總院分內外兩科，內科下有普通、小兒、皮膚花柳、肺結核四科。外科有普通、骨、耳鼻喉、牙、婦產五科，每天門診人數在三百人以上，內外科共有病床二百多張，且常有醫生組成臨時手術組，出發到前方診治傷患蔣匪官兵（如外科主任萬福恩及醫師雷慶在豫東汎區會戰後，即如此），而偽軍醫署亦常組手術組（第一手術組負責人李挺宜）幫助該院處理業務。

四、湯山分院內部及附近概況

湯山鎮位南京南面六十華里反動政府劃為南京市區之終點，京杭公路通過其間，經常住有憲兵一排，警察一分隊。

醫院地址在湯山山麓坐西向東，爲過去日本人所建築，全部磚石水泥，無樓，內有電燈自來水洗澡堂等設備，約計房屋大小廿餘幢，除病室外有院長獨院、招待所、大禮堂、門診部、職員住宅、器材庫、被服庫、醫藥庫、手術室、X光室、化驗室、炊事房、球場，花園、雜役及警衛人員住宅。

院之北側二百公尺左右有自來水管，水池，機器設備，供院內之用，院內左側有發電機器一部，有H人一名管理技術，已少有損壞未能發電，故院中所用一切電力，皆來自南京。院之東北里許，有日式房屋十餘小幢、有部份美國顧問住在其中，再向東北行半里有高大洋房一幢，可容五百人，全部鋼筋水泥修成，爲聯勤學校地址。

院之左側一百公尺左右有新屋一幢，大小數間，爲蔣介石私人溫泉沐浴處，據看守憲兵云：內有地下室三間，深約丈許。院之右邊係溫泉池，有自來水管裝置，房屋爲水泥建築並有更衣室設備。其附近山湯山街桃花水至湯王廟一帶土地，亦由該院自日寇手中接管。

醫生約七十餘人，其中三十餘人爲院內主治及專門醫師，其餘四十餘係貴陽醫校學生（該校現改爲「國防醫學院」）經四年受課後撥該院實習一年，並有小部試習醫生爲國內各醫科大學生，或專門醫校學生，其試習期滿，由僞內政部及僞聯勤部分發於國內各機關學校或部隊供職，男女護士計四十餘人，係終身制。

湯山分院無產婦及小兒兩科，現有病床四百張。

「附錄」

1. 聯勤總部第十四醫院
地址：浦口

2. 聯勤軍醫署第一〇一醫院
地址：南京郊外漢中門附近

3. 第二〇九後方傷兵醫院
地址：南京下關（興中門）

4. 後方第二醫院
地址：孝陵衛

5. 第六醫院
地址：孝陵衛

6. 第二〇五醫院
地址：白下路鐘山中學

7. 雨花台醫院

8. 鐵路醫院

四、各私立醫院

一、鼓樓醫院

院址：鼓樓南
電話：三二〇九四
宿舍：珞珈路十號

（一）沿革

鼓樓醫院原名基督醫院，南京人或稱之爲馬林醫院，蓋馬林醫生所創辦者。自宣統末年，金大始有醫科之增設，馬林醫院則爲該科之實習醫院，於民國三年改稱金陵大學鼓樓醫院，至今外國人士仍稱「大學醫院」。民國六年因故與齊魯大學合併，成立齊魯醫院於濟南市。及至民六北伐軍興，該院爲僞政府借用，越年由金陵大學、美以美會、長老會，及原創辦之基督會接收合辦，擘劃更爲周密，規模尤見宏大。八一三事變後，仍留南京，及至太平洋戰爭起，旋改爲同仁會醫院南京分醫院，內部重要職務，悉操於日寇。自日寇投降後，由金大及該院留京人員收回續辦，仍由談和敦主持院務。

（二）組織人事：

㈠該院分科、部、處、室等列表如下：

1.內科、2.外科、3.產婦科、4.小兒科、5.眼科、6.耳鼻喉科、7.牙科、8.放射科、9.保建科、10社會服務部、11宗教部、12領食部、13護士部、14金陵高級護士學校、15事務處、16會計處、17病理實驗室、18調劑室、19縫紉洗衣室上列各單位各設主任一人，助理員若干人。

㈡職工人數如下：

職　員：

醫　師……三三人　實習醫生……一二人　護　士……五〇人　調劑室……一〇人
病理實驗室……一〇人　放　射　部……三　人　飲食部……五　人　宗教部……三　人
社會服務部……四　人　圖書管理員……一　人　事務處……七　人　會計處……八　人
縫紉洗衣室……三　人　電　話　室……二　人　掛號處……五　人

工　友：

男女工友總數一二五名。

（三）業務概況

㈠診療

門診：病人經門診之診斷輕者當即給藥治療，重者經主診醫師之處理後留醫，外科病人開刀及內科注射須經本人及家屬簽字。門診人數平均每日約計四百餘人，茲將卅七年上半年門診各科人數開列如下：

內　科…三五，〇〇二　外科…三八，二三八　產婦科…一二，七七六　眼耳鼻喉科…一八，四三九
小兒科…一三，八二五　牙科…三，三七一　合　計…一二一，七四一人

留醫．全院病房分男女病房，男病房共四層樓，分爲ABCD四病房，A病房爲內科，分單病房，普通病房及傳染病房，並沒有護士室。BC病房爲外科，其左側內進爲開刀房，內科注射室，眼耳鼻喉科手術室，棉花紗布房，開刀房內有大形消毒器。D病房爲窮人留醫之用有肺病房一間。女病房爲兩層樓，內外科、婦科、小兒科、護士室均在內。外國人留醫者

另有病樓一所。全院病床：特等十二床，頭等一八床，二等二十八床，三等一四二床共計二〇〇床，就醫、護、放射、司藥、病理檢查、及飲食管理人員數之總和，已達一二三人，故每三個病人中卽有二個醫護工作技術人員照料。留醫者須先繳醫費及須有保證人。

㈡保健：特設保健科，專司保健業務，概況如下：

1.全院職工，年需健康檢查數次，偶有缺陷，卽爲醫治，藉免減低工作效能。

2.對於產婦前後之護理常識，防務須知，環境衛生等各種印刷宣傳之分發。

3.護士學校新生入學體格檢查及經常保健事宜。

4.金陵大學新生入學體格檢查，並逐日指派醫生巡往該校主治全校診治工作。

㈢防疫：組織防疫隊，不分內外，普通注射霍亂、傷寒、天花漿苗，並印發宣傳品積極宣傳。

㈣鄉村衛生：於民國二十二年特設科主其事。並在大江南北附近村鎮，如廟頭裏、淳化鎮、橋林、烏江、香泉、和縣……等十一處工作站，設立服務機構，而對於眼病尤特重視，因據全國調查統計中眼病雙目失明者有一百二十餘萬人，單目失明者五百餘萬人，半盲者約有二千餘萬人，城區尚有保泰，愛羣、道勝、衛理、明德各診所，自京市淪陷之日起至太平洋戰事發生止，僅就市區而言，病人總計四九六，七一五名，施行手術者有一六，五四九次，十之八九均爲眼科病人。

自勝利後，該科重振旗鼓，特別注重防盲工作，專設防盲組，與當地教會機關或農事機關，合辦臨時防盲站，積極展開工作，分設在淳化鎮、烏江、橋林、滁縣……等七站，自三十五年四月起，至三十六年三月底止，就診者計達七，六八一人，施行手術者四一六次，現仍繼續工作；市區尚有合辦之愛羣、黎光、保泰、衛理，四個眼科診所，在此一年中治療者計有四五，六八五次，完全免費治療者三，五八八次，施行手術者九〇四次。

㈤社會服務：民國十六年，曾於金陵女子文理學院及南京國際婦女會合辦成立社會服務部，其主旨爲來院求診之貧病患者，得免費醫藥治療。抗戰發生，該部工作暫行減縮，且由宗教部兼理，勝利後由陳秀芝專任負責於民國三十六年一月重新恢復，工作人員亦漸由一人增至四人。近半年來，患黑熱病者較衆，因該病須長時間有系統之治療，該部特請　錫琛大夫及賈愛美護士，與該部工作人員合作，闢黑熱病門診部，患者每日下午來院注射針藥，並供給特別營養。

其他服務，在醫藥方面，有衞生指導，介紹病人轉往其他病院，或營養站、衞生機關治療，此外金大、金女大、每年來院實習者頗不乏人，該部除爲彼等介紹工作外，當予各方醫院個案工作之實習指導。

（四）經濟概況：依據每年預算，三分之二全仗日常業務收入，其他三分之一由國外教會團體捐助，爲數亦屬龐大，茲將各方捐助情形概述於後：

㈠善後救濟總署撥來大量醫藥器材，㈡美國教會團體供應衞生器材，㈢美國中國救濟委員會捐贈修繕費爲數頗巨，値「國幣」九十九億八千萬元，分別列示於後：

1.修繕經費：六十億元，2.殯儀館建築費：八億元，3.鄉村衞生費：十億元，4.社會服務經費：十五億元，5.特別津貼：六億八千萬元。

（五）附設機構：

㈠金陵高級護士職業學校

㈡貧民診療所

㈢殯儀館：（俗稱太平間）在天津路，內有禮堂一座，專爲各教舉行喪禮之用。

二、其他私辦或性質不明醫院

（一）恩友診療所：中華路三山街口裱畫廊十二號
（二）李士偉產科醫院：武靈路四號
（三）聖心醫院：陰陽營六二號
（四）金陵醫院：許家巷
（五）京市傳染病醫院：下關商埠街
（六）鮑正療養院：錮銀巷四號
（七）中青牙科醫院：遊府西街四五號
（八）重慶醫院：淮海路韜園五號
（九）省三醫院：碑亭巷二四七號
（十）廣東醫院：中華路
（十一）協和診所：上午：城南顏料坊七九號
下午：中央商場南部二樓
（十二）大行宮紅十字醫院：大行宮。院長沈慧蓮（馬超俊之妻）與國防紅十字會有關
（十三）約翰痔科醫院：珠江路五九二號
（十四）鳳祥診療所：林森路碑亭巷一二〇號
（十五）南京肺病療養院
地址：上海路錮銀巷七號
科別：肺癆、小兒、防癆、內外、戒烟、皮膚、花柳等科，病理檢驗部X光部。

董事長：金誦盤
名譽院長：黄承熹
院長：鮑純方
醫師：丁超分、顧樹棨、伊國瑞、鮑正。
X光部主任：劉啓明
化驗部主任：李滌非

五、市立各衛生機關

一、衛生試驗所

（一）組織
該所設左列各課分掌各課業務
一、事務課　掌理文書、出納、庶務、及不屬於技術方面之一切事務。
二、細菌檢查課　掌理檢查細菌，檢驗病原體及病理研究之一切事務。
三、化學化驗課　掌理化驗飲食品藥品及其他有關衛生上之化學化驗事項。
四、生物學製品課　掌理製造痘苗、疫苗、血清及其鑑定事項。

（二）編制
一、設所長一人，相當薦任。
二、設技正三人，相當薦任，分別兼任細菌檢查，化學化驗，生物學製品各課主任，掌理各本課技術事務。

三、事務課設主任一人，事務員二至四人。

四、設技士三人至五人，技佐五人至七人。

五、設會計員一人。

六、酌用雇員若干人。

（三）人員

一、所長：何宗裕

二、技士：沈嗣唐、高清波、曾慶森。

三、練習生：張皖幹

其他不詳。

二、文範衛生所

一九四七年九月「衛生局」在中山北路靠近住宅區征用地皮一•〇三八七畝，地價四九八五萬僞法幣，同年十二月三十日南京朱炳記營造廠以二十四億僞法幣得標承造。

三、第一衛生所

地址：夫子廟

「衛生局」在各區設立衛生所及衛生分所，其組織編制均不詳。茲將人員錄後。

所長：楊樹信

護士：盧惠珍、沈玉珍、陳沅

四、第二衞生所

地址：石鼓路

醫師：王蘭芬、雷振絳

五、第三衞生所

醫　師：魏希昭

護　士：袁能修

助產士：徐淑嫻、曾德芳

六、第四衞生所

原址在下關商埠街，一九四七年遷至熱河路新屋，原所改爲產科醫院門診部。人員如左：

所　長：（曾任該所所長者有葛毅方）。

醫　師：（曾任該所醫師者有柏心貞）。

護　士：黃良英

助產士：趙鳴琴

七、第五衞生所

地址：莫愁路

所長：（曾任該所所長者有張慶生、馬維德等。）

醫師：方宏英（兼代所長）

護佐：王　偉、王件潔

八、第六衛生所

地址：文昌巷

護士：閻麗娟，（曾任該所護士者有黃鳳濤）。

九、第七衛生所

地址：小火瓦巷二一四號

所　長：夏振元

醫　師：楊素容

護　佐：許戀文

護　士：黃文瀾

助產士：鮑家琪、樊琴珠、元華東

十、第八衛生所

醫師：蔡志鈞

護佐：汪琪

護士：謝德芳

助產士：姜大榮、牛維芳

十一、第九衛生所

地址：豐富路
電話：二二八四〇

（一）人員

所　長：程美玉
護士長：程景清
助産士：陳國榮、何　淡、楊硯田、石宜緒。

（二）設備及業務

一九四七年該所與「中央衛生實驗院」合辦婦嬰保健所一所，專爲辦理接生、護理、訪視等工作，同年七月僞行政院善後救濟總署撥給該所活動房屋兩幢，添設病床二十張，並由僞南京衛生局補助設備費一千五百萬僞法幣，每月接生人數在一百以上。

十二、第十衛生所

所　長：李華覩
助産士：吳錦紋

十三、第十一衛生所

所　長：劉昌信，（前任所長係殷士豪）。
醫　師：顧恩來、張其本

護士長：許德慶
護　士：楊萬隆、樊琴珠
助理員：錢伏寶

十四、第十二衛生所

所　長：夏安生
護　士：陳美玉
助產士：劉寶書

十五、第十三衛生所

所　長：黃鳳藻
護　士：沈素華

十六、第十四衛生所

所　長：張承恩
護　士：鍾麗青
助產士：駱織坤、熊鏡清

十七、第十五衛生所

該所於一九四七年八月一日成立於浦口，地皮係租用浦兗鐵路管理處者，新屋建築費計六千四百萬元蔣幣。人員不詳。

十八、流動衛生所

負責人：葛毅方、柴衍增

護士：顧媖

雇員：許志明

十九、逸仙橋衛生所

地址：逸仙新村

該所於一九四八年六月十六日成立。

二十、其他衛生所

一九四七年四月，「衛生局」在五福街、上新河、七星洲、中山北路及珠江路等處添建衛生所五所。

二十一、藥品供應處

地址：太平路九號

電話：二二四〇二一

（一）組織

設總務、業務、材料三組及藥庫一所。

（二）編制

設主任一人，組長三人，技術員、事務員、雇員及技工若干人。藥庫編制不詳。

（三）業務

一、總務組：辦理出納庶務文書人事及不屬其他各組事宜

二、業務組：辦理藥材器械之採購配發等事宜

三、材料組：辦理藥材器械之保管出納藥賬之登記統計等事宜

（四）藥庫

該處藥庫地址在糟坊巷，係由坤記建築工程行於一九四七年十月以一億零四百二十五萬五千元僞法幣得標建築，同年十二月一日完工。

二十二、清潔總隊

地址：下關大馬路

電話：三二六三〇

（一）組織

設東、南、西、北、中及機關六隊，並附設菜場攤販管理所一所。

（二）編制不詳

（三）人員

總隊長．　　副隊長：易景周

督察員：劉誠

雇　員：李宏璋、伍漢樹、張昌琪、譚桂成、馬炳生、劉謚世、劉婉如、陳少山、余鼎昆

機關隊　副隊長楊家成

東路隊
南路隊　副隊長李維臣、李宏璋
西路隊　副隊長楊啓明
北路隊　副隊長梁倫
中路隊　副隊長朱伯藩

（四）設備

垃圾卡車十八輛，洒水車六輛，普通垃圾車三百輛。

（附）菜場攤販管理所

該所分總務、菜場管理、攤販管理三股。

設主任副主任各一人，各股設股長一人，管理員五人，並酌用雇員五人。

二十三、屠宰場

（一）組織及編制不詳

（二）內部人員

場長：　副場長：高欽文
總務股主任：沈　錐
稽查員：任秋林、包守傑
股員：白一塵、李家濟、武維揚
征收員：盛桂金
獸醫：老洪鈞、王振昆

二十四、火葬廠

（一）組織

設主任一人，事務員二人至三人，雇員二人至四人，技工三人至五人。視社會之需要，得酌設分場一處或二處。

（二）業務

一、關於屍體之焚化及領灰事項

二、關於火葬業務之計劃推行及宣傳事項

二十五、化糞廠

（一）組織

設主任一人，事務員二人至三人，視事業務之需要得設雇員二人至四人，技工三人至五人。附設糞便處理所。

（二）業務

一、關於汚水糞穢之化糞事項。

二、關於糞便處理及肥料試驗事項。

二十六、衛生中心區

一九四七年七月僞南京市衛生局及中央衛生實驗院劃定該市南區設置衛生中心區，實驗城市公共衛生及各項衛生工作之示範。

（一）組織

設下列各課：一、防疫統計課，二、環境衞生課，三、婦幼衞生課，四、衞生教育課，五、公共衞生護理課，六、醫務保健課，七、總務課。

（二）編制

設主任副主任各一人，課長七人，祕書一人。

設一、醫師六人至八人，公共衞生護士十二人至十五人，二、衞生工程師一人至二人，三、助產士八人至十人，四、衞生工程員一人至二人，五、環境衞生員二人至四人，六、藥劑員一人至二人，七、衞生檢查員一人至二人，八、衞生統計員三人至五人，九、課員三人至四人，十、事務員三人至四人，十一、雇員五人至八人。

二十七、重要公共衞生設備

（一）新街口盥洗所

該所於一九四七年十二月廿三日開始建築，大誠營造廠以一億五千二百三十一萬僞法幣得標承造。

該廠水電工程由俊記水電行八千萬元僞法幣得標承造，與盥洗所同時完工。

（二）淨水站

下關三汊河及五所村各有淨水站一所，分別裝設淨水機兩部，每日可產淨化飲水一萬四千加侖，約可供給七千人使用。

說　明：

（一）以上材料主要根據一九四六年至四八年之僞南京市府公報，其次爲南京地區之報紙。

（二）前面之中央醫院等則根據僞行政院新聞局所編「中央醫院」一書。

南京調查資料（特篇之三）

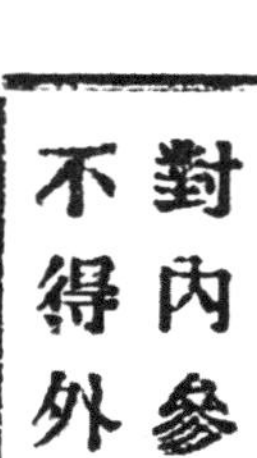

對內參攷
不得外傳

偽資源委員會

附：南京公逆產調查

江南問題研究會編印

一九四九年三月

No. ____

僞資源委員會目錄

地址：南京三牌樓虹橋二號

一、沿革

僞資源委員會是進行工礦企業獨佔活動之中心機構，前身爲民國廿一年十一月成立之「國防設計委員會」，當時主要業務爲國防物資及工業之調査統計與設計，至廿四年四月始正式成立「資委會」，直隸於軍事委員會，蔣介石自任委員長，祕書長翁文灝，副祕書長錢昌照，開始「從事於國防工業的設計及建設」，成立了幾個礦物採勘隊及少數的礦廠。廿七年改隸經濟部，於川、滇、黔、桂、甘、陝、寧、康，各省設立電力、煤、鐵、銅、鋅、汽油、酒精、機器、電工器材等生產單位，並從事玉門關油礦之提煉，個舊錫之增產及四川油氣，滇黔鉛石，雲南磷礦之勘察。據卅三年春統計，該會自辦或地方合辦以及所謂「官商合辦」的企業，共有一〇四單位，其中礦業四十二，工廠四十，電業廿二；職工十八萬餘人，控制了後方資源。

日寇投降後，該會即將後方企業結束或轉讓地方經營，或緊縮，繼續維持的僅卅六個單位，工作重心放在劫收日寇東北華北之重要工礦事業，其時仍隸於經濟部指揮之下。迨三十五年初，該會組織法修改，同年五月起，改爲直隸於行政院。置特任委員長一人，簡任副委員長一人，委員十一人至十五人，由行政院聘任。內部組織，亦因之變更，除設有祕書處、財務處、總務處、會計處及參事室、人事室、統計室外，關於業務方面，戰時設工礦電三處，戰後事業增多，新組織中設業務委員會，分爲電力、煤、石油、金屬礦、鋼鐵、機械、電工、化工、糖、水泥、紙、及綜合等組；在國內外各事業集中地點，設立辦事處，爲東北、平津、上海、重慶、台灣等五所。另在紐約，設駐美代表辦事處。

其附屬機構，可分爲兩個系統，其一、爲生產機構，即直接從事於工礦電之生產事業者。其二、爲服務及研究機構、不直接生產而協助該會各事業之進展者。對於單位較多，業務較繁之事業，特設管理機構，以期分層負責。如關於電廠設有電業管理處，關於各電力單位之業務，除重要事項呈會核定外，得由電業管理處處理。煤礦設有煤業總局。鎢、銻、錫出口礦產，與鋼鐵以外之銅、鉛、金、銀、鋁等金屬礦，設有金屬礦業管理處。鋼鐵事業設有鋼鐵事業管理委員會。其性質皆與電業管理處相似。其他各業，石油及糖皆由一公司統轄。機械、電工、化工、水泥、紙等事業，暫由會內業務委員會主管組直接管理。至各生產單位規模亦有不同，有僅包括一廠一礦者，有所屬廠礦，分布數地者，皆因歷史與事實之關係。該會方針，則在儘量使較小之生產機構，合併爲一個單位，以便管理調度，較易集中。並在可能範圍內，組設公司，至於服務及研究機構，對外貿易則設有國外貿易事務所。材料供應則設有材料供應事務所。保險則設有保險事務所。電報通訊則設有電信事務所。此等服務機構，大抵規定爲委託性質。生產機關得按實際需要選擇委託，不加强迫，以增加其工作效率。其屬於研究性質者，則關於礦產資源之勘測，設有礦產測勘處。關於水力資源之探測設計，與一部份實際開發工作，設有全國水力發電工程總處。關於經濟環境，與市場需要之研究，設有經濟研究所。

至於該會所經辦電力、煤、石油、鋼鐵、金屬礦、機械、電工、化工、糖、水泥、及紙等十一類生產事業　實際分佈狀況，至民國卅六年十二月底止，共有生產事業九六個單位，各單位之下又有附屬廠礦，共計二九一單位，總共職員三二、九一七人，內技術人員一三、三四三人，管理人員一九、五七四人。工人一九〇、八五八人，內技術工人九四、〇八九人，普通工警九六、七六九人。（上係摘自「僞資委會」編印之「資委會工作述要」）

該會人事方面，有以翁文灝爲首的政學系，及以錢昌照爲首的宋子文系兩派，直到三十五年，翁出任僞行政院副院長王雲五任僞經濟部長時，該會即從經濟部中分出，改隸行政院，由錢昌照任委員長，翁之重要幹部孫越琦任副委員長，三十六年宋垮台後，翁再度任委員長，錢掛名爲顧問，後翁出任僞行政院長，委員長一職乃由孫越琦繼任。

二 組織及人事

（一）組織系統表

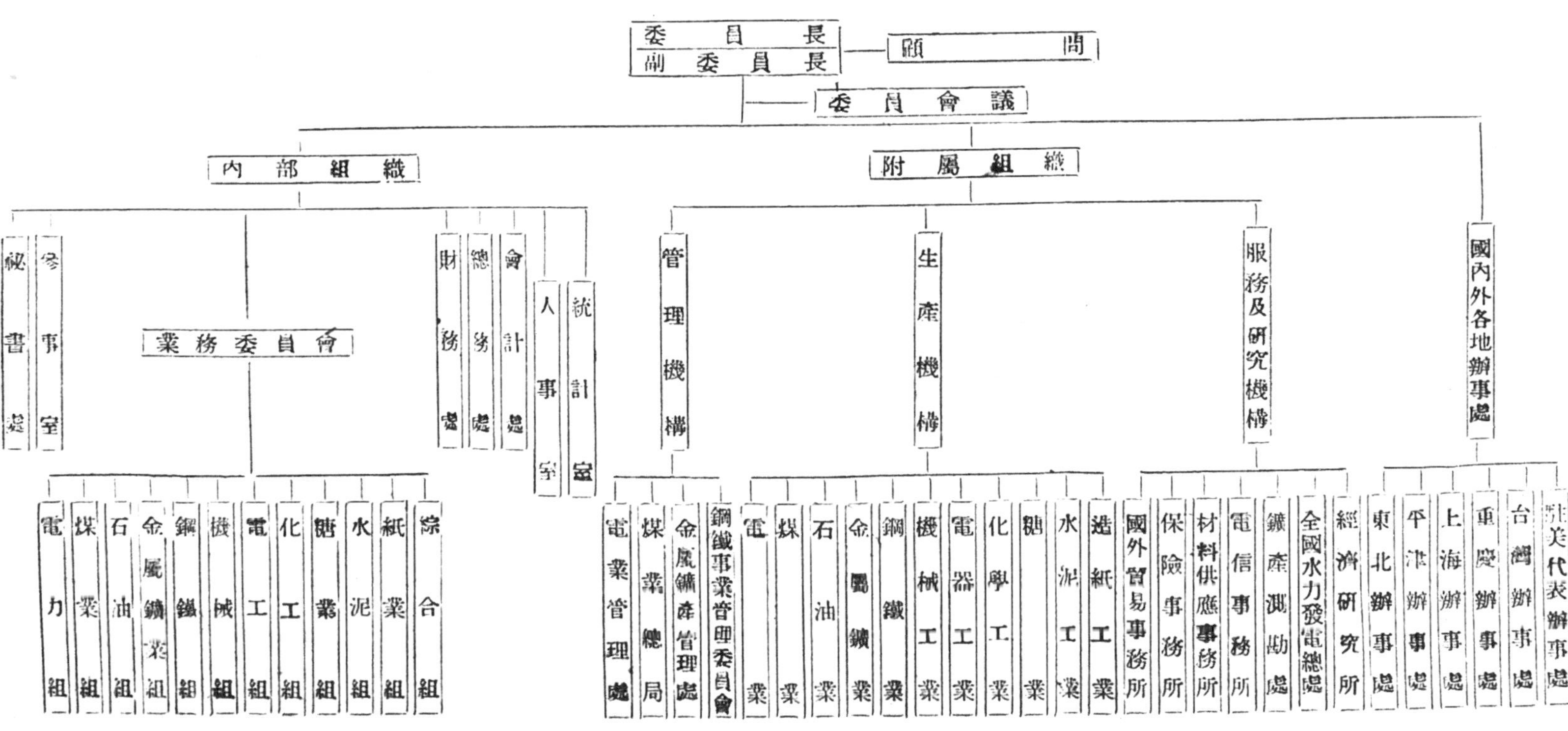

（二）人事配備：

委員長　孫越琦

副委員長　吳兆洪

電業處長　陳中行

業務委員　孫　拯

人事室主任　吳福元

金屬礦業管理處長　楊××

簡任人員　黃承長　王子祐　蘇會詒　戴世英　黃汝鑑

李彭齡　曹之瀛　陳國符　嚴恩棫　張家祉

胡　絜　裘勝嘉　黃秉成　姚念慶　韓　娣

薦任人員　顧孟五　陳觀烈　金先×　楊鵬雲　王炳炎

朱道俊　沈　藻　鄒漢雄　王鶴君　儲保聰

傅孟博　金望鑄

委任人員　陳潤森　程春良　李正新　邱鴻鼎　邢寶平

童悟僧　邵品剡　李培英　侯乃大　彭昌星

任樹傑　徐懿會　袁宗凱　李銘馥　許熙民

周宗淑　呂柏樵　錢秀娥　張明彝　許　洵

段亞平

（以上人員姓名均摘自三十六年十二月至三十七年九月「銓政月刊」）

三、單位介紹

（一）全國水力發電總處

地址：中央路六〇一號
慈悲社十一號之一
三元巷二號

組織：

處長——總工程師室——有美籍工程師二人
——規則組——研究天文，地形等資料，確定施工地點，並作全面規劃。
——設計組——就規劃組計劃，予以詳細設計。
——營造組——就設計規定督工建築。

人事：

處長　黃育賢
規劃組長　馮××　三十餘歲留美實習，對水利有研究，曾在中大水利系兼課。
工務員　沈埂鄉　浙大畢業。
設計組長　馬君壽　三十餘歲，曾在中大水利系兼課。

該處全部人員約三百，大部系技術人員。

（二）中央電工器材廠

總管理處　南京中山北路四一五號
南京分廠　陶谷新邨一號
南京分廠　鐵湯池明德新村

南京分廠第三廠　赤壁路十一號

南京電照新廠　和平門外邁皋橋

營業處　大行宮東海路八號

該廠戰前爲建設委員會電機製造廠，抗戰時，由滬遷漢口，改爲今名，於湖南下攝司設總廠，並在桂林、重慶、昆明等地設分廠，與美國西屋公司訂合同，承銷美國商品，奇異公司給予技術上之幫助，所製各種電訊電機，以軍用爲主，日降後設總管理處於南京，專製皮線、鋼線、整流器，變壓器，電動機，發電機，蓄電池，乾電池，燈泡，開關等，三十七年三月，並在南京和平門外邁皋橋成立南京電照新廠。總經理惲震，（武進人，留美，電機博士）

（三）中央化工廠總廠　燕子磯

南京營業所　吉兆營三十四號

該廠籌備處於三十六年購買燕子磯鎮第二保江家圩及荷包圩土地共計二百二十一市畝四分，着手建築總廠，現總廠分三部，染料部出品爲B・X・硫化元（青紅光）藥染性草絲及卡其，膠品部出品爲三角皮帶，A、B、C、D、E、各型電瓶管，化工部出品爲煤膏中油。

四、管理機構及服務研究機構產業

（一）金屬礦產管理處　南京三牌樓虹橋二號

地產：三十七年九月該處購買京市鎮江路第六區一一九三（二）分段基地二畝〇七厘八毫五絲，及二層洋房二所。

汽車：1.三十七年一月由雲南出口鑛產品運銷處撥交該處一九四〇年福特汽車一輛，引擎號碼18F——5870455號，車號爲國字一二九四五號。

2.另第二區特礦處撥交該處一九四六年道奇交通汽車一輛，引擎號碼爲T118——167268

號，車號爲國字六二二一七號。（以上根據僞南京中央日報）

（二）電業管理處　南京三牌樓虹橋
武夷路十八號
大板巷五四號
高家酒樓四十二號
（後三地址係三十六年材料）

地產：三十六年九月在京市東北郊和平鄉第七保長營村地方洽購土地計高桂林一塊東至孟蘭會地南至大路西至水溝北至陳姓任姓地孟蘭會一塊東至吳姓地南至大路西至高姓地北至任姓地吳紹生一塊東至郭姓地南至大路西至孟蘭會地北至永昌會地又吳紹生一塊東至史姓地南至郭姓地西至永昌會地北至陳姓地永昌會一塊東至史姓地南至大路西至賈姓郭姓地北至史姓吳姓地史玉旋三塊東至大路西南至永昌會賈姓郭姓吳姓地又永昌會一塊東南至吳姓地西至任姓地北至陳姓地上列各戶共二十畝

（三）煤業總局　南京五五五信箱

（四）運務處（隸屬系統不明）　游府西街浮石村五號

（五）礦產勘測處　峨嵋路二一號

（六）電信事務所　三牌樓虹橋

汽車：一九三八年雪佛蘭黑色轎車一輛，引擎號碼R1479055

（七）保險事務所　太平路四〇四號

房產：三十七年六月購買鐵管巷七一及七二號，瑞福里一至四號西式三層樓房屋及基地。

（八）油料分配委員會　太平路七〇號

（九）工商部 資委會 烟煤調節委員會南京辦事處　大悲巷雍園十號

五、所屬南京各生產單位或營業所之產業

（一）中央機器有限公司南京營業所　大悲巷甯澹村二號（原址：太平路四〇六號）

（二）中國石油公司南京辦事處　太平路七〇號

儲油所　下關煤炭港

浦口油庫　浦口老江口

（三）中央有綫電器材有限公司籌備處　珞珈路十四號

百子亭三六號

和平門外邁皐橋安懷村二十二號

地產：1.三十六年七月購買坐落南京中央路廖家巷第六區第〇九二七第二分段圖全部基地一處計地三畝零五厘二毫二絲東至廖張二姓地西至官巷南至楊姓地北至曹廖二姓地及廖姓地

2.三十六年七月又購買房坤鑫君名下坐落南京鷄市口第六區第一六二一第二分段圖狀全部基地一處計地一畝零九厘三毫四絲東至李姓地西至房姓地南至房姓地北至鷄市口（僞南京中央日報）

（四　中央無線電器材有限公司

南京營業處　珠江路二七四號

通信處　玄武門大樹根三號之一

南京廠　南京板橋鎮

註：該廠通工人宿舍公路　條，長三、一九八公尺，合佔地二〇七八畝，由資委會

向居民王興則、王義興、王長培、李鄭氏、李興發、李正美、李發明、李發國、李正權、李正森等十一戶所購。

（五）皖南電廠籌備處

馬鞍山電廠：南京西郊馬鞍山礦產蘊藏豐富，據三十七年四月息，皖南電廠籌備處正計劃在該地裝設電廠，並已完成基脚打樁工程，廠房建築工程，亦招商承包，估計今年一月可裝竣五千瓩，（計劃爲裝設一萬瓩發電設備）現不詳。

地產：1.第六區廖家巷○九三○段一至三分段，及○九二九段一至二分段○九三一分段土地六塊，計六畝二分四厘。

2.同上○九三○段四分段地一塊約半畝，原主廖德仁、張春明、廖榮亮，出賣給皖南電廠。

（六）雲南錫業公司南京辦事處　大石橋新安里九號

（七）中央電瓷有限公司南京辦事處　中央路許府巷　（原址中華路四四一號）

汽車、舊福特轎車一輛，引擎號碼18—F4335378。（係三十六年三月購進）

（八）中央鹽肥有限公司籌備處　荳菜橋五十四號

（九）華中礦務局　正洪街五二號

（十）其他產業

第一公共宿舍　三元巷

第二公共宿舍　二郎廟

宿舍　上海路鋼銀巷

其他　路珈路二號

▲材料大部從僞南京中央日報等公開書報上摘錄

附：南京公逆產調查

一、中央印務局（包括總管理處及工廠）

地址：南京西華門三條巷五十四號

電話：二四三二七

（一）、組織：人事：董事長：吳鐵城

總經理兼廠長：黃天鵬——曾任偽國大代表，在偽副總統競選中，擁護孫科，並常領導廠家與工人鬥爭。

廠主任：張一維——北平人。

工廠下設排字房、機器房、鑄字房、裝訂房、熬膠房、材料房。

（二）、資產：排字房：新五號字常用字七付部位字三付

老五號字常用字八付部位字三付

一號字常用字一付部位字一付

二號字常用字一付部位字一付

三號字常用字一付部位字一付

四號字常用字二付部位字二付

鍘刀三把，字匣一五〇個，鐵盤大小六個，木盤約五十個。

機器房：對開機三架　四開架二架

頭號機二架　三號機三架

三開架二架　並有修理機器材料。

裝訂房：大號裁紙刀一架

鑄字房：銅模：一、二、三、四、新老五號銅模俱全。

大鍘鉛刀一架

手搖鑄字機二架

辦公室：電話一架，汽車一輛。

房地產：座落西華門三條巷門牌第四六號四八號五十號五十二號五十四號五十六號地溝包括全部建築物，原屬伞周氏，於三十六年十月購進。

二、僞政府各部院會所屬公產

（一）、粮食部：儲運處南京總倉庫——鼓樓淵聲巷淮慶里

長江區粮食總倉庫——下關大馬路

粮食總庫三汊河分庫——三汊河，主任濮滌民，業務課長張伯純

長江麥片廠——二汊河

恆和油廠——下關三汊河

集合米廠

長江碾米廠——三汊河

中國粮食工業公司——莫愁路一二八號，其總管理處又於三十七年九月一日宣告解散，所屬各工廠交粮食部接管。

儲運處——中央路童家巷三十號

糧食工廠管理處——中山東路一〇六號（內有郭一琳者）一九四七年式別克轎車一輛引擎四八二四四六二——四號車照〇〇一四六四號於三十七年二月由中國糧食公司購進

（二）、水利部（國府後街八號）

黃泛區復興局安徽省業務管理處——太平路馬府街三號

水利示範工程處——獅子橋三十六號

中央水利實驗處營業部——上海路荳菜橋景星里二號，電話二二四一九。

水工儀器製造廠——廣州路清涼山

淮河水利工程總局水文總站——模範馬路二號，宿舍在太平路大楊村二八號。

職員宿舍——太平橋南九十號

座落長樂路三五〇號房地產，於三十六年十月購進。

座落中央門外庫倫路南李姓地基三畝，由黃河水利工程局購進。

座落上海路永慶巷第五區第〇七四五（六）分段地基一處共計面積二畝五分一厘二毫五絲原屬楊孟記於三十六年四月由揚子江水利委員會購進。

座落和平門外第九區毛家橋（土名梅家莊）水田捌坵計二十一畝六分一原屬施邦中等，由水利示範工程處押入。

（三）、交通部：材料試驗所——鼓樓傅厚崗五八號，其試驗室一棟在模範馬路蔡家巷。

首都鐵路輪渡段——中山碼頭

天水鐵路工程局南京辦事處——中山北路九三八號電話三三九九三

首都材料廠
華中鐵路浦鎮材料廠——慈悲社一號
汽車器材總庫——中央路蘆蓆營
漢中路牌樓巷十號
汽車器材總庫南京器材庫——中山北路一九七號
公路總局中國橋樑公司——雙石鼓四二號
公路總局——高橋門二十八號
第一區公路工程管理局——成賢街九二號
公路總局第一運輸處南京分處——田吉營三號，南京車站在林森路三〇四號，修理廠在中正路一九五號，（又半山園一處）
公路總局第一運輸處——林森路三〇六號
南京港工程局——中山北路甯波同鄉會西建安村東鄰
坐落第六區新門口第四號之二陸松茂基地計五分二厘，又有董仙洲樓房六間及下房兩間，於三十七年一月由首都鐵路輪渡段購進。
一九四六年紫色福特雙門小轎車一輛，牌照國字第〇二〇九一號引擎號碼九九A一一九四〇三九，由南京港工程局於三十七年三月購入。
一九四五年道奇中型吉普車一輛，引擎號碼（T二一四——二〇三八七）牌照〇三四三〇由民用航空局於三十六年七月購入。
一九三八年福特轎車一輛引擎號碼（BB一八F——四六四六七九八）由鐵路聯運處購入。

（四）農林部：

中央農業機械廠——水西門外牌坊街

玲玲機製冷食廠——傅厚崗三十一號

三汊河華河冰廠內

中華水產公司南京辦事處——傅厚崗三一號

下關魚市場

病蟲藥械製造實驗所——孝陵衛中央農業實驗所內

風亭輪一隻，係中華水產公司所有，現租與勝成公司。

中央農業經濟研究所——保泰街安仁街，有同仁街二、三、四號（第一區第二一九分段）

紅磚西式三層樓房一座

一九四四年福特小吉普一輛，牌照〇〇—二六〇九，引擎號碼三九九三八五，由國棉聯購委員會南京聯購處（碑亭巷一四八號）於卅七年二月購入

（五）經濟部：

中央標準局度量衡製造所（及南京工廠）——水西門下浮橋菱角市五號

中央工業試驗所｛三條巷卅七號；漢中路鐵管巷十五號（本在白下路二六二號）；大剛新村一號｝

機械工廠及酒精器材處理委員會——漢中路十一號

經濟研究社置房地產：一座落珠江路文德里空地一坑計四十市方尺，原屬張魯，另一座落白下路東昇里十三號

（六）教育部：

中華教育電影製片廠——在玄武大廈中，科學儀器製造所（內有職工劉之樑吳來志者）

（七）衛生部：

藥品供應處——黃埔路一號

（八）社會部：

第〇〇—〇八七七號一九三九年順風牌五人座小轎車一輛，引擎號碼（P八—八〇九二）第〇〇—一〇四六號一九四一年衛力司吉普車一輛引擎號碼為MA七八七〇五

（九）審計部：

一九三九年福特卡車一輛引擎號碼（BB—八F—四一二九八〇六）牌照國字六一三六三，屬該部國庫總庫審計辦事處

（十）政工局：

一九四二年四輪八汽缸福特交通車一輛，引擎號碼：—G—三二一六F，牌照國字第六一〇四五號

（十一）國防部：

座落北平路以南，漢口路（吳家巷）新疆路以北西康路以西遼甯路以東土地一坑，於卅六年十一月徵收

座落北極閣西家大塘於卅六年十月由國防科學委員會徵收

（十二）物資供應局：

修車廠計有求新啓明寶山三處，存車有各式車輛四五千輛及舊車一千輛小吉普若干輛（卅七年十二月止）

（十三）蒙藏委員會：

座落第二區二二七段曾公祠四號計面積八畝七分九厘二絲

三、偽南京市政府：

市有公地一批如下（及承租人名單）：

地段	承租人
三區3305段（長樂路）	457繆仁和
二區 193段（廳後街）	554翁景瑞
四區4423㊀段（陶家巷）	125翁秀玉
四區1867段北部（花露崗）	292汪 服
二區1083(甲)段（白下路）	110'廖元佶
四區1000段（皇冊庫）	28徐漢洲
四區3935段（長樂路）	306繆振卿
二區1550段（岩巷）	9吳春榮
三區3034段毗連東路（管家巷）	12李長金
二區 677段（致和街）	781王炳炎
四區 572段（朱家苑）	135李和平
六區4615段（西家大塘）	454顧闓軒
二區 593段（三十四標）	821賈海女

六區1366段（瓜埔橋） 30夏正崇
二區 7㊀段（金鑾巷） 344戴瑞文
二區 14㊀段（洪武路） 1069胡原洲
二區 546㊀段（晒廠） 443盧家銓
二區 545㊀段（白下路穆家巷） 964陶繼蘭
二區 952㊃（四條巷） 187許文發
二區 330㊀（宰牛巷） 342邵華山
二區 271㊀（西方庵） 408石琨如
二區1420㊀（文思巷） 19孟裕潮
四區3846（貴人坊） 68董云霞
二區1404㊀（鍋底塘） 311王永均
二區1402㊁（鍋底塘） 6翟鼎葆
一區1066（小紗帽巷） 533黃毓華
三區3074（高家巷） 517林鐵民
三區3723（八間房） 170趙蔭桐
二區1424㊀段（東文思巷） 1何光熙
二區1173㊀段（文正橋） 46?周景海
二區1028㊀段（城佐營） 519陸光玉
二區 598段（三十四標） 701陳慕賢
三區 335毗鄰北部（烏衣巷） 203任學喜

二區1178【一之二】段（文正橋）	14羅陳氏
中華門外附廓（上碼頭）	50李吟鶴
二區1440㈡（東井巷）	100陳昇京
二區 330㈣（宰牛巷）	108蔡 立
二區1470㈡段（建康路北四巷）	2田福增
二區 573㈢（沙塘灣）	129張成美
未編號（白下路63號後）	311孫良棋
二區 366㈡段（太平路）	1027傅駿秋
二區 330㈡段（宰牛巷）	35吳保福
二區 330㈡段（宰牛巷）	8嚴易氏
二區 342㈡段（宰牛巷）	4謝人偉
五區 769㈡段（徐家巷）	232莊干氏
五區3204㈡段（張府園）	422王沛林

（於三十七年九月出租）

四、前聯總在南京所租用各倉庫：

玄武大廈——中央路玄武路口，內有南京市美國救濟物資配售委員會，民食調配委員會

工務局碼頭倉庫管理處——中山北路一二五二號

一九三七年福特篷車一輛，引擎（五四——F八九六六〇）係工務局首都車輛監理所所有

（一）下關煤炭港：容量二千五百噸

（二）白下路安徽中學內：容量一千噸

（三）下關中山橋：容量五百噸

（四）中山東路勵志社：容量二百五十噸

（五）中華門外集合村：容量一千噸

（六）三汊河：容量二千噸

三十六年七月與「新運總會婦女指導委員會」合辦白下路手工場，場址爲白下路倉庫，有縫紉機廿架，女工八十餘人，又與女青年會合辦之莫愁路手工場，以改製舊衣爲主要工作，前僞行總救濟署蘇甯分署舉辦珠江路蓮花橋之平民食堂（三十六年）

五、公教新村：

（一）公教一村：在藍家莊分東西兩部有甲種房屋九十戶乙種二十四戶。

（二）公教二村：在迴龍橋，有甲種房屋九十戶乙種四十戶。

（三）公教三村：在青島路分甲乙兩部有甲種房屋十二幢九十六住戶，乙種九幢，九十住戶。

（四）公教四村：在鼓樓分南北兩部，南部有甲種九十戶，北部有九十戶。

（五）公教五村：在馬府街甲種五幢住九十戶已式六幢住四十八戶。

六、戰犯及漢奸逆產：

蔣介石：在中山門外小紅山上有「僞總統官邸」一座，現獻爲基督教凱歌堂。

宋子文：在北極閣山頂有住宅一座。

孫　科：在明孝陵附近有大洋房一幢。
　　在上海路建國法商學院門前山頂有大洋房一幢。

陳立夫
陳果夫：在西華門西條巷文昌宮有住宅二幢。

白崇禧：在梅園新邨附近有大洋房一幢。

朱家驊：在牯嶺路有洋房一幢。

張厲生：在山西路大方巷有住宅一座。

汪精衛：在康定路古林寺房屋，現為美軍招待所。

潘公展及葉溯中等有馬鞍山六區三二〇八號分段土地

七、偽中央信託局蘇浙皖區敵偽產業清理處南京分處：

（一）接管日寇產業：二郎廟一號（一區二八八一段）

（二）接管漢奸產業：

漢奸姓名	產別	逆產地點	附註
梅思平	房地	石婆婆巷四九號	
李聖五	房地	北平路六六號	
岑德廣	房地	珞珈路二一號	
褚民誼	房地	頤和路三四號	
褚民誼	田地	湯山坟頭村烏龜山	
褚民誼	田地	中山東路九板橋東北半里	

楊建中	浮房	惠民橋59 60號	計二處
周學昌	房地	丹鳳街一四六號	
周學昌	房地	止馬營106至110號	計三處
周學昌	基地	山西路江蘇路轉角	
周學昌	基地	上海路陰陽營	
王益之	房地	白下路159 161 163 165 167	計五處
鄭祖禹	房地	白下路二四二號	後門牙巷新五號
顧大椿	房地	中華門外23號鉅大銀行	
岳子章	田地	柳州州地	
岳子章	房地	大石壩街四〇號	
岳子章	房地	太平洋餐廳東邊二一號	
周隆庠	房地	牯嶺路三四號	
徐國弼	房地	內橋灣五六號	
淩霄	房地	大光路大光東村一至二二號	計廿二處
淩霄	房地	大光路大光新村一至五〇號	計五十處
陶保晉	房地	湯山陶廬	
陶保晉	基地	貢院西街一九號	
陶保晉	基地	貢院西街一九號之四至八	計五處
陶保晉	房地	貢院西街一九號之九及二十一號	計二處
陶保晉	基地	夫子廟市場213號之一至十	計十處

陶保晉	基地	夫子廟市場213號之11 13 18 19 27 28 29 30 31 32 33 35 39 40	計十四處
陶保晉	基地	夫子廟市場二一五號	計二號
楊班侯	房地	泥馬巷5 7號	
陳國琦	房地	西康路二七號	
陳國琦	基地	西康路二號（一部份基地）	
傅勝藍	房地	內橋灣六四號	
金宏義	浮房	中華路463號大同銀行	
金宏義	房地	中華路475 477 479號	計三處
金宏義	房地	中華路192號	
唐少侯	房地	湖南路五一〇號	
唐少侯	房地	平江府街聯合商場	
唐少侯	基地	湖北路八九號	
唐少侯	房地	沙塘園 號	
羅蘋堂	房地	上新河棉花堤三〇號	
秦墨哂	房地	白鷺洲東花園二六號	
秦墨哂	房地	珠江路660 662 664之1 666 668號	計五處
嵇儲慶	房地	西康路 號	
董國忠	房地	長樂路二二五號	
劉開駿	浮地	循香里一四七號	
沈秀友	浮地	中華門外窰灣街四四號	

姓名	類別	地址	計
顧寶衡	房地	八寶前街六四號之一	
顧寶衡	房地	鼓樓五條巷西街十九號	
呂振揚	房地	漢中門外鳳凰東街三九號	
陳善貴	房地	西善橋通惠里三九號	
葛亮疇	房地	中山東路四三號	計二處
葛亮疇	房地	香鋪營8 10號	計三處
葛亮疇	房地	下浮橋2 4 6號	計二處
葛亮疇	房地	柳葉街136 138號	
葛亮疇	房地	中華路七五號	
張暢勤	房地	淮海路一四五號	
吳振華	典房	泥馬巷踹布坊三號	
吳振華	房屋	泥馬巷踹布坊三號	
吳震修	房地	白下路祥瑞里5 6 7 12 13 14號	計六處
劉仲義	房地	下關寶善街173 175 177號	計三處
趙正榮	浮房	白下路一五四號後進浮房	
趙正榮	浮房	白下路一三二號	
潘啟滔	房地	明瓦廊八號	
楊重華	房地	三條巷聚槐村六號	
柳正利	典屋	磊功坊二九號	
袁德新	房地	珠江路五三一號	

李慧濟 房地 湖南路一三二號
孫日永 房地 飲虹園一號
袁立成 房地 四條巷仁壽里三四號
王樹柯 房地 平江府街一二號
孔繼武 房地 下關名士埂三六——三七號
孔經武 房地 下關名士埂四七——五八號
趙鏡錦 房地 明瓦廊七二號
周佛海 房地 西流灣7 8號 計二號
李長江 房地 紅花地六號及六之四、五、六號
李長江 房地 一枝園五四號
李長江 房地 莫愁路二一七至二一九號之一 計三處
李景春 房地 大石橋荷葉巷二四號
李尚清 房地 長生祠三六號
周元章 房地 珠江路花紅園18 20 22 24號 計四處
黃　郛 房地 慧園街一二號
張人傑 房地 鈔庫街六二號
張人傑 房地 中華門外西街上碼頭一三號
張人傑 墓地 信府河一三三號
胡正剛 房地 螺絲轉灣三二號
周　緯 房地 慈悲社二〇號

周 緯　房地　沈舉人巷二〇號
程萬軍　房地　一枝園三八號
武福齋　房地　鴛鴦橋四號
聶子江　草房　三牌樓狗兒巷二三號
聶子江　草房　三牌樓斜橋二三號
顏樂才　房地　木匠營十二號
顏樂才　房地　花露崗七三號
楊惺華　房地　高樓門六號
楊惺華　房地　國府路二三二、二三四、二三六號

計三處

王懷立　房地　四圍頭一六號之一
畢輔良　房地　樓鼓新村八號
羅君强　基地　中山門外首蓿新村
高鎮華　浮房　太平路一九六號
劉相圖　房地　三條巷一〇、一二號

計二處

高雲階　房地　堆草巷十三號
常玉清　浮房　貢院街國際飯店
常玉清　房地　祠堂巷五號
常玉清　田地　江甯縣孟北鄉
張四郎　房地　建康路五五二號
畢正清　浮房　下關三叉河石碌杜221—226號

畢正清　浮房　下關三汊河北新河村七號
畢正清　浮房　下關復興街六號
畢正清　草房　下關寶善街二六號
畢正清　浮房　下關姜家園一五三——一六〇號
陳　暴　房地　頤和路二號之一
汪叔梅　房地　頤和路六號
韓文炳　房地　鼓樓三條巷十三號
范宏濤　房地　下關姜家園五九號
蔡良弼　房地　丹鳳街十四號
趙公瑾　房地　門東祁家橋五、六號及五號之一
計三處
王家鑫　房地　鈔庫街十四號
鄒耀宗　房地　四條巷一六七號
黃再興　房地　林森路三三一號
黃冉興　房地　尖角營45 46號
計二處
葉開鑫　房地　新街口四號
鍾劍魂　基地　傅厚崗十六號
鍾洪聲　房地　寧海路四四號
王敏中　房地　虎踞關西倉六號
李文濱
蔣鎮東　房地　黃鸝巷53 54號
計二處

王者圭	房地	西華門四條巷128 130 132號	計三處
蘇加興	房地	湯山後村	
張夢南	房地	貢院東街五六號	
張夢南	房地	柳葉街98 128號	計二處
張夢南	房地	門東龍泉巷二號	
梅兆頤	房地	大蕭家巷二一號	
俞 棪	房地	天目路十九號	
翟家義	房地	江甯縣義記粮行	
翟家義	房地	江甯縣翟逆泉有住宅	
翟家義	田地	江甯縣銅井劉村永興圩	
翟家義	田地	江甯縣銅井三興圩上段	
翟家義	田地	江甯縣銅井婁家圩	
翟家義	田地	江甯縣牧龍鎮趙家圩	
翟家義	田地	江甯縣第二區國林鄉上磚牆村	
翟家義	田地	江寧縣第二區和甯鄉佛來村山凹村	
翟家義	田地	江甯縣第二區和甯鄉金圩及前頭圩	
翟家義	田地	江寧縣第二區和甯鄉王家圩	
翟家義	田地	江甯縣第二區和甯鄉新圩	
翟家義	田地	江甯縣第二區和寧鄉二府八府莊等處	
翟家義	田地	江甯縣第二區正甯鄉河中村	

翟家義	田地	江甯縣陸郎鎮下溪村
翟家饒	田地	江寧縣陸郎鎮後城村
翟家義	田地	江寧縣陸郎鎮石門村禪居寺等處
金中鈞	田地	江甯縣上峯鄉周家邊
金中鈞	田地	江甯縣上峯鄉
金中鈞	田地	江甯縣青林鄉
鄒士福	房地	江寧縣鶴令鄉湄塘村
鄒士福	田地	江寧縣鶴令鄉湄塘村
馬子河	房地	豐富路三〇七號
景宗五	房地	內橋灣四〇號
景宗五	房地	中山東路三〇七號
程則周	房地	湯山鎮
程則周	田地	湯山鎮寺莊
程則周	田地	湯山鎮東山
周之聖	房地	六合北門大街九三號
周之聖	田地	六合新橋鄉八甲謝莊
王成榮	房地	水西門外橋西大街八三號
袁靜齋	基地	長樂路三四〇號
程朗波	房地	建康路四六〇號
陳能鈺	草房	江甯縣西塘角村

陳能鈺	田地	江甯縣西塘角村
趙維叔	浮房	平安巷一號之一
趙維叔	浮房	昇州路292 294號
趙維叔	房地	昇州路一八七號
奚續卿	房地	江甯縣秣陵鎮駱家巷
奚續卿	田地	秣陵鎮第四保西圩
陳華柏	房地	乾河沿三號
白雲樵	房地	秣陵路一九三號
白雲樵	房地	太平路108 110號
黃凱吾	房地	戴家巷四維新邨十二號
王克忠	房地	安將軍巷三八號
陳長有	房地	大油坊巷十六號
陳長有	房地	中華門外西街八五號
饒　奎	房地	磨盤街四〇號
饒　奎	房地	評事街一四一號
岳雲亭	房地	長樂路三七號
唐松亭	房地	秣陵路桃園
楊叔丹	房地	上海路四六號
妻　桓	房地	慈悲社六號
陳光祺	房地	江甯縣牧龍鎮

陳光祺	田地	江甯縣牧龍鎮	
胡競錢	房地	三條巷仁義里仁義坊一至一八號	計十八號
蔡　培	基地	沙塘園二十四號	
韓春第	房地	石鼓路三一號之一	
潘　甯	房地	湖南路一一三號	
潘　甯	房地	高門樓一三號	
潘　甯	房地	天目路西康路四〇號	
潘　甯	房地	高門樓5 6號	計二處
潘　甯	房地	湖南路151 111號	計二處
潘　甯	房地	獅子橋14 15號	
王承典	房地	保泰街街6 2 6 4號	
胡逸民	房地	吉昌里一・二、三、四號	計二處
閔安永	房地	建鄴路一一號	
周伯衡	房地	江甯縣孟北鄉第六保周冲村	
江亢虎	田地	上新河雙閘鎮	
林柏生	田地	江甯縣一區岔路鎮	
林柏生	田地	江甯縣東山鎮	
林柏生	田地	江甯縣上案鎮	
程建民	房地	東文正橋街八號及八號之四	
程建民	房地	文正橋街六路	

楊際春　房地　糖坊橋55　57號
張永清　房地　白下路八三號
王　傑　房地　韓家巷十五號
徐晴宇　房地　湖南路三三一號
呂必鋼　房地　金沙井四二號
呂必鋼　房地　金沙井四五號
呂必鋼　房地　建康路六九號
繆鳳池　房地　水西門外南傘巷十三號
吳榮奎　浮房　東牌樓五洲旅社

僞中央日報、三七、三、一六。

八、「聯勤」所屬工廠倉庫

（一）第六十兵工廠

地址：中華門外雨花台附近

沿革　抗戰前稱金陵兵工廠，能造馬克沁，八二迫擊炮，抗戰發生，機器西遷入川，至勝利後，復員回南京，但機器仍留川，現有機器均爲日人所裝備，甚新式，能製造：砲彈，機槍彈，步槍彈，手榴彈。能修理各種大砲，各式機槍步槍等。

組織：廠長一人，主任祕書一人。

購料科，工務科，下設物料庫。技術科，下設設計股，檢驗股；

警衛稽查組，有一大隊警衛部隊。

工廠下設炮彈所，水電所，修械所，製配所，鐵工所，木工所。

倉庫。

人事：主任秘書：易萬元

第六製造所副工程師：楊繼鵬。

總務科科員：姜元培

技術員：鍾海源——廣東興寧人，現年約二十五歲，畢業於廣西大學，現在該廠水電所工作，思想進步，同情我黨，對廠內情形頗為熟習。

其他：該廠現約有工人四千餘人，職員二百餘。復員迄今所用原料全為接收日人所留下。據說仍可供二年之用。

該廠面積方圓約一里，水電所，修械所，裝備所，鐵工廠，木工廠等各有大樓一座，此外有辦公樓一坐，職員宿舍一座，員工子弟學校一座。各科倉庫數座。

（二）馬鞍山鍊鋼廠

地址：南京西南馬鞍山。

沿革：該廠原為日寇所建，勝利後為國民黨刼收，廠地很大，設有輕便鐵道，鐵來自西邊山裏。

（三）二〇一汽車廠

級別：第一汽車二級保養廠。

組織，人事：廠長：徐更夫。

廠長下設工務處：總務科，會計室，技正室。

（四）二〇二汽車廠

級別：第二汽車二級保養廠

組織，人事：廠長：王搏璧

廠長下設工務處，總務科，會計室，技正室。

（五）三〇一汽車廠

級別：第一汽車廠三級修理廠

地址：西華門文昌宮二號

組織，人事：廠長熊師舜

廠長下設工務處，總務科，會計室，技正室。

（六）四〇一汽車廠

級別：四級修理廠

地址：中央路

組織，人事：廠長：朱建霞

廠長下設工務處，總務科，會計室，技正室。

（七）第一級汽車四級修理廠

組織：廠長下設工務處，總務科，會計室，技正室。

（八）第一汽車保養團——團長吳大埔

（九）汽車隊——南京明瓦廊五五號

（十）第一汽車修理廠第一分廠——南京三條巷文昌宫，電話二一五八九，二二二八四。

（十一）第九汽車修理廠

組織：廠長下設工務處，總務科，會計室，技正室。

（十二）第一汽車輪胎翻造廠——中央路，廠長吳士欣。

（十三）第九輜重車修造廠——清涼山草場門。

（十四）首都被服實驗廠——漢中路二〇六號

（十五）首都被服實驗廠織襪工廠——華僑路十四號

（十六）首都被服廠——上海路荳菜橋。

（十七）第一粮秣實驗廠：

南京辦事處——中山東路五十一號　電話二二七二四。

第一二場——小北門，電話三二四一五。

第二二場——三牌樓，電話三四〇五。

第三二場——建康路三三七號，電話二三四〇八。

（根據三六年京電話簿）

（十八）上海粮食實驗廠南京麵包工廠——三牌樓和會街一四一號

（十九）電信機械修造總廠第四廠——下關大馬路鐵路橋西塊一〇一號

（二〇）電信機械修造廠：第一臨時修理組——太平路二五四號　電話二一三三七。

（二一）兵工署逸仙橋材料廠——中山東路四一三號　電話二一五九一。

（二二）第一補給區電信機械修造廠——宿舍：浦鎮東南左所街（三公里）廠房：胡家祠堂內。

廠長：程志相。

（二二三）工兵器材修造廠——南京下關商埠街一號

（二四）兵工署材料試驗場

（二五）軍械保養實驗工廠

（二六）南京船舶修造廠——下關三碼頭第四號。廠長：韓森

南京船舶修造廠第一分廠——下關三碼頭

（二七）第五十三廠駐京修理站——屬兵工署，在湖南路三三三弄勤益里四號

（二八）印製廠——副廠長王林庭

（二九）中國電影製片廠——原址中山東路利濟港普慶新村一號，新址孝陵衛

廠長袁留莘，副廠長王瑞麟，有美國最新式機器沖片機等。

（三〇）南京供應局——局長金殿策

龍潭煤礦——龍潭

煤球廠——湖北路

釀造廠——建康路

碾米廠——小北門

黃梅農廠——黃梅橋

粮　庫——第一庫三牌樓行政院後面。

第二庫同右。

榨　油工廠——小北門。（卅七年四月擬設）

（三一）第一粮秣庫——南京三牌樓小北門。庫長段斌

（三二）第二粮秣庫

（三三）第三糧秣庫
（三四）第四糧秣庫——中山北路五六六號，庫長陳伯雅。
（三五）第一被服總庫——下關四碼頭一稱三牌樓，庫長杜李。
（三六）第二軍械總庫：總庫——漢中路三四〇號
一分庫——和平門外百果山附近
二分庫——同　　　　右
三分庫——漢中門馬家園
（三七）第一軍械補給庫——下關商埠街五五號，電話三三九五三。
（三八）特種器材庫——多裝在軍器材，在漢中門外鳳凰街，
下設有七分庫，地址不詳
（三九）通訊器材總庫——三牌樓清涼古道十七號
（四〇）一〇一通訊器材庫第三分庫——下關大馬路鐵路橋
（四一）第一交通器材總庫——在南京中央路，庫長程仲英。
（四二）第一工程器材總庫
（四三）第一獸醫器材庫
（四四）第一衛生器材庫——三牌樓小北門
（四五）南京調節倉庫——在三牌樓，電話三三二一九，屬經理署。
第三分庫——下關大馬路一〇四號。
（四六）×××倉庫——庫長王德芬。
（四七）獸醫器材總庫——南京三牌樓

庫長　周植棠（河北人，獸醫學校正四期畢業）

（該庫直屬聯勤經理署馬政司，為獸醫藥品器械補給總機關，有人員百餘名，器材多半是以前「刼收」日寇物資，並附設有蹄鐵工廠，製造馬掌及器械，交部隊應用。）

九、其它公逆產：

（一）空軍器材倉庫—中央門外邁皋橋

（二）空軍被服工廠—管家橋四九號

（三）空軍訓鍊司令部購置座落珠江路五九二、五九四，五九六、五九八、六〇〇號（第一區第一九二九分段）房地產，原屬原頌周，于卅七年一月購進。

（四）陸軍總司令部所有一九四七年福特四門轎車一輛引擎號碼七九九A—一四八九〇五六號車照〇〇—一八七三號。

（五）陸軍大學所有座落玉帶巷二號及船板巷八一——八三號房地產於卅七年八月購進。

（六）四聯總處粮食購儲委員會所有一九四〇年地沙多轎車一輛牌照二一六引擎號碼P一一——一四四五四。

（七）美軍剩餘物資辦公處——福建路。

（八）南京社會服務處交通服務所置有廣州路十一號房地產並有大卡車二十餘輛。

（九）中央銀行宿舍——中央路××街和平新邨。

（十）三青團中央團部宿舍——太平街常府街繡花巷十二號

（十一）長江堤閘工程處——寗海路金女大附近其職員宿舍在上海路一四七號內有大批聯總物資。

（十二）國民黨市黨部所有座落建康路二七三號地皮。

（十三）國民黨青年部所有一九四六年威力斯吉普車引擎號碼CJ——ZAZ二三四五一。

（十四）中央社所有威力斯牌吉普車一輛引擎號碼爲G二A二七六八六牌照〇〇四二〇。

（十五）中央社所有基地坐落吉祥巷計二市畝〇六厘，南沿堯化門官道，東西北三面亦爲該社所有之基地，

（十六）中央圖書館所有一九四一年道奇六，汽車缸四門，四輪轎車一輛。

（十七）獨立出版社所有座落六區第二四五二段三牌樓模範馬路東部土地一幅計五百方丈。

（十八）中央研究院所有天欽山土地。

（十九）某機關（地址爲成賢街六十號）所有座落第一區中山國路旗地第二五一四及二五一×分段界內約十七畝。

（二十）江甯縣政府：座落南京市地產。

原領收據字號	座落地點	面積	東至	西至	南至	北至
土字第7429號	三區夫子廟一九三號	九分一厘六毫	陶姓	官路	官路	青雲樓
土字第10574號	三區貢院西街二一號	三厘七毫九絲	官路	夫子廟	陶姓	廿姓
土字第10576號	三區管家巷一號	一分4厘05絲	石姓	官巷	本縣產	本縣產
土字第11057號	三區東花園鷲峯寺	八畝二分	官溝	水龍局義塚	劉長泰	鐵路
土字第11058號	三區東花園	19畝6243絲	本縣教育會	同上	同上	同上
土字第7430號	三區夫子廟一九七號	八分九厘	小樂意古玩店	攤位地	花錦春店	官路
土字第8645號	五區昇州路262—4號	二分二厘	官巷	李姓	官路	李姓

士字第11125號	貢院西街13—19夫子廟號一九五號	一畝二一九二絲	官街	本縣教育局址	夫子廟走道	甘韓張姓
士字第9429號	一區中山東路四一四號	九厘八毫二絲	利濟巷	朱姓	行宮東街	中山東路
士字第2375-6號	一區國府西街二〇一二八號	四分二厘八毫	大隍城巷	官街	縣地	縣地
士字第9429號	一區國府西街三五一四三號	三分六厘九毫七絲	官街	四川會館	縣地	小獅子巷
士字第10580號	四區九兒巷口	七厘三毫二絲	席姓	王姓	黃姓	官街
士字第10574號	四區膺福街一九號	二分〇七毫	楊姓	官街	楊姓	嚴姓

（二十一）戰車第一團駐京儲運組倉庫。　南京棲霞站。

卅七年十一月，該團派甘仲華去棲霞站，與資源委員會華中礦務局棲霞山分處洽借該處倉庫，（在棲霞站北約一公里），並運去九節車廂物資及二噸半小戰車六輛。該組組織及人事如下：

主任　甘仲華
副主任　葛伯森
- 運務組——組長陶興兆　士兵卅名
- 保管組
- 總務組——官一、士兵二名
- 警戒組——組長葛伯森（兼）士兵十六名
- 伙食組
- 生活組——組長李東國　士兵三名

說明

本書中所列之公產逆產僅係一極少部份，其大部份尚待檢查。